不同类型生态产品价值实现研究

基于产业链金融链数据链协同视角

高国力 王 丽 党丽娟 刘峥延 赵 斌 文 扬 金田林 著

電子工業出版社

Publishing House of Electronics Industry

北京·BEIJING

内 容 简 介

本书借鉴马克思政治经济学劳动价值论界定生态产品价值，依据西方经济学竞争性、排他性产品分类原理细分公共产品、公共资源、俱乐部产品、私人产品等不同类型的生态产品，围绕产业链、金融链、数据链（"三链"）协同，研究生态产品价值实现机制、路径和举措。

本书由总论和专论组成。总论从与"三链"和生态产品价值相关的概念及理论基础、基于"三链"协同的生态产品价值实现机制设计、基于"三链"协同的生态产品价值实现路径与模式、基于"三链"协同的主体功能区生态产品价值实现、优化生态产品价值实现的政策措施等方面展开说明。专论分别从公共产品类、公共资源类、俱乐部产品类、私人产品类生态产品价值实现机制设计、路径与模式、政策措施，以及基于主体功能区三大空间的生态产品价值实现政策设计思路研究等方面展开分析。

本书可为政府进行生态产品价值实现的实践提供方法学和理论依据，也适合作为研究人员和相关行业从业人员的学习参考书。

图书在版编目（CIP）数据

不同类型生态产品价值实现研究：基于产业链金融链数据链协同视角 / 高国力等著 . —北京：电子工业出版社，2023.3

ISBN 978-7-121-45332-8

Ⅰ. ①不… Ⅱ. ①高… Ⅲ. ①生态经济－研究 Ⅳ. ① F062.2

中国国家版本馆 CIP 数据核字（2023）第 052974 号

责任编辑：张　楠
文字编辑：曹　旭
印　　刷：河北鑫兆源印刷有限公司
装　　订：河北鑫兆源印刷有限公司
出版发行：电子工业出版社
　　　　　北京市海淀区万寿路 173 信箱　　邮编：100036
开　　本：720×1000　1/16　印张：12.5　字数：240 千字
版　　次：2023 年 3 月第 1 版
印　　次：2024 年 1 月第 2 次印刷
定　　价：98.00 元

凡所购买电子工业出版社图书有缺损问题，请向购买书店调换。若书店售缺，请与本社发行部联系，联系及邮购电话：(010) 88254888，88258888。

质量投诉请发邮件至 zlts@phei.com.cn，盗版侵权举报请发邮件至 dbqq@phei.com.cn。

本书咨询联系方式：(010) 88254579。

生态产品价值实现是推动绿水青山转化为金山银山的关键举措,是激发市场活力、保护生态环境的重要途径,是实现经济社会发展全面绿色转型的必然要求。当前,生态产品价值实现的理论研究方兴未艾,各地实践探索积极开展,但仍然存在研究处于初期阶段,实践中生态产品"杂、散、乱""市场化程度不够、体系不健全""难度量、难变现、难交易"等诸多问题。在此背景下,从产业链、金融链、数据链(简称"三链")协同视角对生态产品价值实现展开分类探索具有重要的意义。

本书借鉴马克思政治经济学劳动价值论界定生态产品价值,依据西方经济学竞争性、排他性产品分类原理细分公共产品、公共资源、俱乐部产品、私人产品等不同类型的生态产品,围绕"三链"协同,研究生态产品价值实现机制、路径和举措。本书由总论和专论组成。总论从与"三链"和生态产品价值相关的概念及理论基础、基于"三链"协同的生态产品价值实现机制设计、基于"三链"协同的生态产品价值实现路径与模式、基于"三链"协同的主体功能区生态产品价值实现、优化生态产品价值实现的政策措施等方面展开说明。专论分别从公共产品类、公共资源类、俱乐部产品类、私人产品类生态产品价值实现机制设计、路径与模式、政策措施,以及基于主体功能区三大空间的生态产品价值实现政策设计思路研究等方面展开分析。

本书依托于国家发展和改革委员会(以下简称国家发展改革委)发展规划司、中宣部国家高端智库理事会资助的2021年智库重大课题《基于产业链金融链数据链协同的生态产品价值实现机制设计、模式路径和政策措施》。课题主持人为中国城市和小城镇改革发展中心主任(原中国宏观经济研究院国土开发与地区经济研究所所长）高国力研究员，课题副主持人为中国宏观经济研究院国土开发与地区经济研究所资源经济研究室副主任（主持）王丽副研究员。本书为课题研究所取得的主要成果。

本书在形成过程中，从框架、提纲到内容，经过多次不同形式的内部讨论；邀请研究机构、企业相关专家予以指导；课题组成员先后赴贵州省赤水河流域、北京绿色交易所开展调研。在行文过程中，高国力研究员承担统筹协调和全面指导工作，王丽副研究员承担框架设计、总论执笔、具体协调工作，赵斌助理研究员承担专论一公共产品类生态产品价值实现研究的执笔工作，文扬助理研究员承担专论二公共资源类生态产品价值实现研究的执笔工作并为本书做了大量的联系协调、统稿校对等工作，金田林助理研究员承担专论三俱乐部产品类生态产品价值实现研究的执笔工作，刘峥延助理研究员承担专论四私人产品类生态产品价值实现研究的执笔工作，党丽娟助理研究员承担专论五基于主体功能区三大空间的生态产品价值实现政策设计思路研究的执笔工作。

本书在研究过程中，高世楫、韩宝龙、郝海广、何平、欧阳志云、王海芹、徐策、张惠远、张英魁、庄贵阳（按姓名字母排序）等专家提供了宝贵意见或帮助。课题在调研过程中，贵州省发展改革委及遵义市发展改革委、毕节市发展改革委、北京绿色交易所给予了支持和帮助。在此，一并表示感谢。生态产品价值实现研究尚处于初期阶段，本书只是初步探索，恳请相关专家和社会各界人士批评指正。

总　论

基于产业链、金融链、数据链协同的生态产品价值实现机制设计、路径与模式及政策措施

摘　要

　　生态产品价值实现是推动绿水青山转化为金山银山的关键举措，是激发市场活力、保护生态环境的重要途径，是推动经济社会发展全面绿色转型的必然要求。开展生态产品价值实现领域的相关研究具有重要的意义。本书借鉴马克思政治经济学劳动价值论界定生态产品价值，依据西方经济学竞争性、排他性产品分类原理研究公共产品、公共资源、俱乐部产品、私人产品等不同类型生态产品价值实现机制、路径和举措，立足产业链、金融链、数据链协同研究促进生态产品价值更好实现的工具方法，以期为生态产品价值实现相关理论和实践提供研究支撑。

　　当前，生态产品价值实现的理论研究方兴未艾，各地实践探索积极开展，但研究仍然处于初期阶段，实践中存在生态产品"杂、散、乱""市场化程度不够、体系不健全""难度量、难变现、难交易"等诸多问题。在此背景下，基于产业链、金融链、数据链（简称"三链"）协同的生态产品价值实现机制设计、路径与模式及政策措施研究具有重要的意义。

一、概念及理论基础

（一）产业链、金融链、数据链协同

产业链是在一定地域范围内，具有竞争力的企业以产品为纽带，按照一定流程连接成的具有价值增值功能的链网式联盟。即，一定地域范围内相关企业根据生产流程所组成的线性或网络状组织。

金融链是金融机构针对特定对象设计的个性化或标准化呈线性或网络状连接的金融服务产品体系。其中，特定对象既可以是单一主体，如特定企业，也可以是联合主体，如特定产业链。金融服务产品体系涉及不同的信用创造机制和金融体系内不同主体间的资本、信贷、交易联系机制。例如，为促进特定产业链发展，"风投＋私募基金＋信托＋银行＋海内外资本市场＋证券化＋资管化"的金融体系架构被创造出来。

数据链是一种按规定的格式和协议，在相关主体之间实时传输和处理的数据信息系统，呈线性或网络状。该系统将数据获取、传递、处理、控制、预警等环节紧密地连接在一起，为相关主体提供所需要的各类信息。

"三链"均是实物与组织结构的组合：产业链是企业与其组织结构的组合；金融链是资金与其组织结构的组合；数据链是信息与其组织结构的组合。产业链、金融链、数据链均不是产品本身，而是促进产品价值实现的辅助媒介。在本研究中，"三链"均为生态产品价值更好地实现提供辅助支撑工作，具有"催化剂"功能。在催化过程中，各链根据自身特性进行不同的操作。其中，产业链偏实体，金融链、数据链偏虚体，即：产业链直接作用的是生态产品；而金融链既可以作用于生态产品，也可以作用于产业链和数据链；同样地，数据链既可以作用于生态产品，也可以作用于产业链和金融链。产业链、金融链、数据链协同，即通过优化企业、资金、信息等载体间组合与载体内组织模式，促进生态产品在生产、流通、消费环节高效运作和价值增值，推动生态产品价值更好地实现。

（二）生态产品价值

1. 生态产品概念

生态产品，目前主要有以下类型：一是加入了生态要素的由人类付出劳动参与生产的物质产品；二是满足人类需求的自然要素本身；三是生态系统为人类福祉所提供的一切最终产品和服务，既包括物质产品，也包括自然要素，如食品、水、木材、纤维等物质产品，气候调节、固碳释氧、水质净化等调节服务，消遣娱乐、美学体验等精神服务，土壤形成、光合作用、养分循环等支持服务。第三种类型的生态产品更为全面，本书在此基础上进一步强化人的因素，即生态产品是人类利用自然生态系统生产的满足人需求的一切物质产品和服务。

2. 生态产品分类

根据竞争性和排他性，西方经济学将产品分为公共产品、公共资源、俱乐部产品、私人产品4类。其中，公共产品具有非排他性、非竞争性特征，公共资源具有非排他性、竞争性特征，俱乐部产品具有排他性、非竞争性特征，私人产品具有排他性、竞争性特征（见图0-1）。上述分类方法同样适用于生态产品，但生态产品也具有明显的特殊性和复杂性，主要表现在生态产品的影响群体范围差异较大，外部性有、无均存在，特定自然生态主体形成的生态产品具有复杂性等方面。

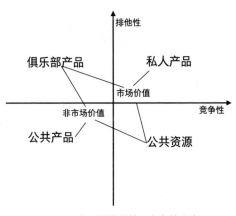

图0-1 产品的排他性、竞争性分类

3. 生态产品价值界定

产品价值的衡量标准主要有马克思政治经济学的劳动价值论，以及西方经济学的边际效用价值论、要素价值论、均衡价值论等。由于西方经济学中的产品价值衡量标准存在用个体主观意识和感受来衡量价值、用商品生产过程中所需要的表象要素作为衡量标准、用价格代替价值等诸多问题，本书选用马克思政治经济学的劳动价值论作为衡量标准。在劳动价值论中，价值是凝结在商品中无差别的人类劳动（抽象劳动）。商品是用于交换的劳动产品，生产商品的过程就是生产使用价值和价值的过程。商品的使用价值是指商品能够满足人们某种需要的属性，不同商品的使用价值不同，所以才需要交换，以满足人们的不同需要。自然物质和人类具体劳动是使用价值的源泉。商品都有价值，所以才能够按照一定的比例相互交换。抽象劳动是价值的唯一源泉。

根据劳动价值论，生态产品价值是凝结在生态产品中无差别的人类劳动，其价值量由生产该产品的社会必要劳动时间决定，交易过程中以上述价值量为基础进行等价交换。在此基础上，生态产品价值实现应重点关注交易行为的促成是价值实现的重要标准、生态产品应满足人类需求、可交易生态产品的形成必须有人的参与、价值的可衡量性和价格的波动性、不同类型生态产品的分类施策等问题。

二、基于"三链"协同的生态产品价值实现机制设计

（一）总体机制框架

生态产品价值实现的关键是生态产品成交，即通过交易最终达成"卖方付出劳动提供生态产品并获得收益、买方付出金钱购买生态产品并获得使用价值"的闭环；在此过程中，通过"三链"协同，推动产业链、金融链、数据链在卖方、买方、中间交易等环节发挥不同程度的作用，发挥"催化剂"作用，促进生态产品价值更好地实现。另外，在生态产品交易过程中，由于排他性、竞争性差异，产品类

型和交易规则有所不同，需要分类予以考虑。

基于"三链"协同的生态产品价值实现总体机制框架图如图 0-2 所示。

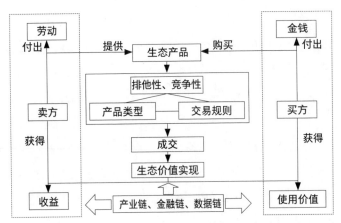

图 0-2　基于"三链"协同的生态产品价值实现总体机制框架图

（二）基于 4 类产品的细分机制

在上述总体机制框架下，"排他性、竞争性 - 产品类型 - 交易规则"环节根据 4 类产品的不同各有差异。在此，以上述差异环节为主体，进一步阐述基于 4 类产品的细分机制。

1. 公共产品类

公共产品具有非排他性、非竞争性特征：一方面，非排他性决定其影响群体众多，公共利益是需要考虑的重要内容；另一方面，在大规模消费群体前提下的非竞争性导致"免费搭车"的市场失灵问题，使得市场驱动力弱化。

在生态产品价值实现的推进过程中，追求公共利益是主要动力，政府作为公众代理人和交易管理者是生态产品价值实现的主要推进主体。在公共产品类生态产品价值实现具体运行环节中，政府承担着价值标准制定、价值评价、价值核定、统计调查和监测、出资购买、产权界定与保护、税费征收、监督管理、产品及服务提供等工作，市场承担着部分产品及服务提供、税费征缴等工作，公众承担着公共监督、税费缴纳的工作，社会组织承担着公共监督、部分产品及服务提供、部分出资购买等工作。总体而言，政府在价值实现全流程中发挥着不可替代的主体作用。"三链"在公共产品类生态产品中，以数据链为重点，协同产业链、金融链，在生态产品价值核算评估、财政转移支付或财政生态补偿资金分配、资源环境税费定价中发挥着重要的作用。另外，在市场参与公共产品供给的领域中，"三链"发挥着协同推动作用。经过上述运行，当特定的生态产品成交时，价值实现。

2. 公共资源类

公共资源具有非排他性、竞争性特征：一方面，非排他性决定其影响群体众多，公共利益是需要考虑的重要内容；另一方面，竞争性导致市场在其中能发挥较大的作用。因此，在生态产品价值实现推进过程中，公共利益和经济人动机是主要动力，政府和市场在其中发挥着共同主体的作用。在公共资源类生态产品价值实现具体运行环节中，政府承担着平台搭建、交易规则制定、监督管理、价格调控、配额供给及分配、排放核查与配额清缴等工作，市场承担着配额购买及出售、中介服务等工作，公众承担着参与交易、公共监督等工作，社会组织承担着配额购买、建言献策等工作。"三链"在公共资源类生态产品中，以金融链、数据链为重点，协同产业链，推进共同交易平台建设和运转，挖掘市场价格和提供信息，增加生态产品交易活跃度，推动相关生产环节绿色化，促进市场高效运转。经过上述运行，当每笔资源配额成交时，价值实现。

3. 俱乐部产品类

俱乐部产品具有排他性、非竞争性特征：一方面，排他性及非竞争性的双重特征决定了消费群体规模虽然有限，但仍然具有特定规模，因此，满足特定群体/集团利益是需要考虑的重要内容，另外，在有限规模的范围内，真实规模越大，政府介入的程度越深；另一方面，排他性与非竞争性的特征决定了消费是一定程度的消费而不能被完全识别，对此可以但不能完全依靠市场力量驱动。因此，生态产品价值实现推进过程中特定群体/集团利益获取是主要动力，政府和市场在其中发挥着共同主体的作用。在俱乐部产品类生态产品价值实现具体运行环节中，政府承担着保护修复、确权定责、价值评估、委托运营等工作，市场承担着运营盈利、收益反哺、产品购买、保护修复等工作，本地群众组织承担着自然资源供给与保护、过程监督、建言献策等工作。"三链"在俱乐部产品类生态产品中发挥着不同程度的作用，其中产业链起到放大"产业协同利润增益"价值的作用，金融链起到激活"项目开发资金融通"潜力的作用，数据链发挥构建"信息共享科学决策"基础的作用。经过上述运行，当特定的生态产品成交时，价值实现。

4. 私人产品类

私人产品具有排他性、竞争性特征：一方面，排他性及竞争性的双重特征决定了消费群体规模不仅有限而且非常小，由于影响范围较小政府介入动力不足；另一方面，竞争性导致市场在其中能发挥较大的作用。因此，生态产品价值实现推进过程中经济人动机是主要动力，并且市场在其中发挥着主体作用。在私人产品类生态产品价值实现具体运行环节中，政府承担着监督管理、规范市场、适时调节等工作，市场发挥主体作用，承担着开发运营、产品和服务供给等工作，社会组织和公众承担参与产品供给、市场监督等工作。"三链"在私人产品类生态产品价值实现中须协同作用，以产业链承载价值实现的丰富业态和模式，以金融链为产业链各环节提供资金保障，以数据链促进生态产品供需精准对接和价值实现提质增效。经过上述运行，当特定的生态产品成交时，价值实现。

三、基于"三链"协同的生态产品价值实现路径与模式

4类生态产品交易特征不同，实现价值的路径及其展现的模式也具有差异，因此"三链"协同的方式也随之转变。

（一）公共产品类生态产品的价值实现路径与模式

公共产品类生态产品价值实现路径为政府制定规则—多主体供给—政府购

买—政府监管，主要模式有中央政府转移支付及政府购买、资源环境类税费调节等。

1. 中央政府转移支付及政府购买

在本模式中，政府通过转移支付、直接购买等形式对生态产品付费。政府明确转移支付／政府购买标准（生态价值核算领域及方法）、对象（生态产品供给方，即资金受益方）、规模（资金转移支付／购买资金大小及增幅）、形式（资金来源、拨付和分配方式及其他资金代替方式），并且开展统计调查、监督管理、法律法规制定等工作。上述工作可以在一定程度上通过一定方式引入市场、社会组织、公众参与。生态产品的供给可由政府、市场、社会组织等根据具体情况完成。另外，横向生态补偿一般是俱乐部产品的主要形态，但如果涉及跨区域、跨流域问题，其影响范围广泛即排他性弱化，实质上具有公共产品性质，对此类跨区域、跨流域横向生态补偿，需要中央政府介入，与相关地方政府共同进行标准制定、供给、购买、监管等工作。

在"三链"作用方面，本模式发挥数据链支柱性作用，针对森林、草原、湿地、荒漠、海洋、河流、耕地等生态产品种类多、数量大、地域广的特性，统计调查海量生态资源，利用模型测算多维数据，科学设置转移支付／政府购买标准、对象、规模、形式等。针对跨区域、跨流域横向转移支付（生态补偿）和帮扶流域下游对上游、生态受益区对保护区、自然资源消费区对资源产区等多层次对象的特性，精确计算生态产品状态，科学计量外溢性影响，在客观数据的基础上制定资金分配标准和规则。在涉及产品供给、产业转移、异地开发、技术援助、劳务协作、共建园区、共设基金等市场环节中，协同推动"三链"共同作用。

2. 资源环境类税费调节

在本模式中，政府通过对破坏自然资源的行为收税费的方式，体现生态产品的价值。政府确定资源税费征收范围（破坏水、大气、森林、草原、海洋、滩涂等行为等）、税率或费用、形式（价、税、费、租联动等）、使用和分配，并且开展监督管理、法律法规制定等工作。上述工作可以在一定程度上通过一定方式引入市场、社会组织、公众参与。资源环境类税费调节实质上是政府作为公众代理人，对破坏公共产品类生态产品的行为予以惩罚，即给予负的购买资金。

在"三链"作用方面，本模式发挥数据链支柱性作用，科学设置资源环境税费征收范围、税率，深入测算参与主体税费成本、税负转嫁、行为影响等，确保税率设置满足税收数额大于或等于恢复和治理成本，生态环保税费收入与生态治理修复的投入成本大致相当，资源财税制度和矿产资源权益金制度全面反映市场供求情况、资源稀缺程度、生态环境损害成本和修复效益。当资源环境税费征收涉及市场环节时，我们应以"三链"协同方式促进企业和金融机构有效参与。

（二）公共资源类生态产品的价值实现路径与模式

公共资源类生态产品价值实现路径为政府制定规则—初期政府供给—市场买卖—政府监管，主要模式有资源权属交易，如水权、碳排放权、排污权、用能权交易及湿地保护银行、栖息地银行和物种银行等。

在资源权属交易模式中，在明晰生态要素产权的基础上，政府通过建立由许可证、配额或其他产权形式构成的市场化的自然资源资产产权交易体系，将公共资源类生态产品的非市场价值转化成市场价值。一般而言，上述自然资源资产产权交易体系经历一级市场和二级市场两步建设。其中，一级市场主要用于配额初始分配，政府按照总量控制原则通过无偿分配或拍卖分配方式将资源配额分配给企业，企业必须以取得配额为前提进行生产运作，进而在配额范围内消耗公共资源；二级市场主要用于配额市场交易，通过柜台、交易所等平台，企业、机构、个人等市场主体按照不同目的交易资源配额。在上述过程中，政府设定交易资源总量限额、建设交易平台、分配配额、建立交易机制（包括配额跟踪系统建设、交易规则制定等）、调节市场（限制价格波动、调节配额供给等）、监管与核查、处罚违规、制定法律法规等。企业为满足正常生产运作、提升社会形象、履行社会责任、准备未来履约需求等购买一定的配额或信用，或者由于技术改造提升、实施中国清洁发展机制（CDM）项目等出售一定的配额或信用，以此参与市场交易。除此之外，社会组织为了降低资源消耗量出资购买配额或信用而不出售，机构和个人为了营利买卖配额或信用，上述主体为了不同的目的参与交易。

在"三链"作用方面，本模式发挥金融链配额价格发现功能，引导配额资源优化配置，为绿色产业提供资金；以数据链促进完全信息市场的形成，通过大数据分析预测市场动态走向，为充分发挥金融链、产业链作用提供信息支撑；以产业链驱动企业绿色转型发展，实现资源消耗降低。在金融链中，商业银行、基金公司、证券公司等金融机构通过打造绿色信贷、理财产品、风险管理、质押借贷与存储、绿色基金、绿色证券等生态产品相关金融业务，为市场运转、绿色产业投融资提供资金保障；保险公司通过提供保险服务，降低企业和市场所面临的不确定性与风险；资产管理公司为市场提供咨询服务，并为企业管理、经营生态产品，以实现价值增值；评级机构对市场中的企业和资产进行信用评级，为金融机构开展金融业务提供依据，并影响市场投资者的决策。在数据链中，交易所和生态产品金融数据信息服务机构向市场提供数据信息服务支撑，发布生态产品权益交易市场发展行业研究报告，收集市场数据信息，建立市场数据库与数据链，研判市场动向与价格走势，为市场参与主体的金融活动和产业活动提供充足信息，支持其决策分析。在产业链中，企业通过技术改造、节能减排、实行绿色发展相关项目降低对生态产品的消耗和依赖，为市场提供富余的生态产品。

（三）俱乐部产品类生态产品的价值实现路径与模式

俱乐部产品类生态产品价值实现路径为政府授权—市场运作—政府监管。主要模式有公园景区开发、生态修复保护、流域横向生态补偿等。

1. 公园景区开发

在本模式中，政府向特定企业授权，并设立一定的监管约束目标，企业获得特许经营开发权限，进而获得文旅、康养、休憩等经营性收益，并将部分收益用于维护公园所在地区的生态产品价值，以满足政府的监管约束目标。在具体操作中，公园景区开发一般采取"景区经营＋门票、文化产品、服务、食宿等综合收益＋景区持续保护开发"形式，即市场主体获得特定公园景区的开发经营权后，通过收取门票、开发文旅产品、提供食宿服务等方式获得多元化的综合收益，同时将收益的一部分投入景区的维护和保护中，进而实现相关区域的生态环境可持续保护与发展。

在"三链"作用方面，本模式以产业链驱动为主，协同发挥金融链与数据链作用：以经验丰富的规划、设计、运营、推广等市场主体为重点，形成完整的产业链，对公园景区类生态产品进行从观光、文旅、IP 打造、特定文创产品设计、动植物认养等全链条开发；依托数据链为景区人流量测算、成本收益测算、未来现金流测算等提供支持；同步强化金融链功能，一方面以数据链的具体信息为基础，为产业开发提供相应的信贷服务，另一方面视产业开发进程为产业链不同主体提供的类似供应链金融的创新服务。

2. 生态修复保护

在本模式中，政府通过招标方式，选择特定企业对已破坏的区域进行生态修复，并设定生态修复目标，相应企业通过政府购买服务、资产置换、修复后项目开发和周边土地的溢价分享等获得收益。在此基础上，政府长期监管企业修复和保护行为。在具体操作中，一般采取 3 种形式：一是"生态修复 + 农业发展、林下经济、文旅观光、特殊利用 + 生态修复持续保障"，即通过对生态破坏区域进行长时间的生态修复，在生态水平逐渐恢复的过程中，逐步开展对生态无害的农业发展、林下经济、文旅观光和特殊利用等工作，从而获得生态修复资金，可持续地进行生态修复；二是"生态修复 +PPP+ 生态修复持续保障"，即针对生态破坏或退化地区，政府与相关企业以公私合营模式，委托相关企业进行生态修复，同时政府采取购买服务、委托经营等方式为执行修复的企业赋能付费，从而实现可持续的生态修复；三是"生态修复保护 + 地价增值 + 溢价分享"，即通过区域生态保护和修复，恢复优美环境，增值周边土地，从而分享土地溢价，实现可持续的生态修复保护。

在"三链"作用方面，本模式以金融链驱动为主，协同发挥数据链与产业链作用。大型生态修复保护工程属于典型的资本密集型项目，前期投入大量资金进行修复治理，在获得基本的生态环境改善的基础上，进一步开发运营获得收益。因此，生态修复保护需要强化金融机构全程参与机制，运用系统化的金融工具提供担保、信贷、融资、还款、展期等个性化全流程服务；鼓励产业链主体以金融链的资金、信贷等指标方向和数量为依据，推进生态修复、产业发展和土地开发；

推动数据链提供生态修复成本测算、收益现金流评估、金融信贷成本估算等服务，发挥协同效应。

3. 流域横向生态补偿

在本模式中，流域上下游地方政府对水量、水质等内容进行谈判，并联合成立流域治理基金或建立奖惩机制，根据需水量、水质等达标情况按照先期协定的内容完成政府间横向补偿。在具体操作中，一般采取两种形式：一是"流域管委会＋市场化流域治理基金＋基于水量、水质奖惩＋横向补偿收益"，即设立统一的流域管理机构作为监督性独立机构，同时成立由流域各方出资认缴的流域治理基金作为横向补偿初始资金，并聘请具有丰富经验的基金市场主体来运营基金，而流域各方在流域管委会的组织和牵头下达成基于水量、水质等主要因素的框架性补偿协议，进一步委托流域治理基金进行日常管理和相关补偿因素的记录识别，以一年为周期对不同地区的水量、水质进行公正、客观的评估，从而确定不同地区的补偿数额；二是"受补偿方保护流域＋补偿方异地开发补偿＋区域合作园区"，即流域内的受补偿方履行保护流域生态环境的职责，补偿方以异地开发园区的方式对受补偿方进行"造血式"扶持，从而实现从单纯资金补贴向依靠内生动力进行产业发展的转变。

在"三链"作用方面，本模式以数据链驱动为主，协同发挥金融链与产业链作用。对于流域的横向生态补偿，关键是厘清不同主体对水量、水质等的核心诉求，这依赖于科学、清晰的数据收集、研判与分析，数据链在其中发挥非常重要的作用。数据链收集并分析河流水量、水质数据，不同地区水量需求数据，相关流域进出境的水质断面数据，以及厘清不同主体权利和义务。金融链根据数据链的具体信息为不同主体提供奖励和惩罚措施。产业链按照不同地区结成的诸如"飞地园区"在内的异地开发模式进行经营开发。

（四）私人产品类生态产品的价值实现路径与模式

私人产品类生态产品价值实现路径为市场供给—市场购买—政府监管，主要模式有合作经营、公用品牌建设、混合开发利用等。

1. 合作经营

在本模式中，一般情况下，多方主体分工合作开展生产、运营、管理，实现生态产品供给的规模化、标准化、集约化。在具体操作中，一般采取两种形式：一是"公司＋合作社＋农户"，即公司、合作社、农户等多主体共同参与，其中公司负责种养、管理、销售，合作社负责土地流转、劳务用工及相关协调服务，农户将土地入股合作社，平时可以优先在基地务工，待产生收益后，公司、合作社、农户三方再按比例分红；二是"生态（收储）银行"，政府建立生态资源资产运营管理平台，借鉴商业银行分散化输入和集中式输出的方式，将分散化的生态资源经营权进行整合，再与后端龙头企业对接开展生态经营，供给私人产品类生态产品，以克服资源分散难以统计、碎片化资源难以聚合、优质化资产难以提升、社会资本难以引进等经营开发难题。

在"三链"作用方面，合作经营需要发挥龙头企业的带动作用，以订单形式引导合作社和农民按照公司标准开展生产，结合企业经营情况拓展相关业务，开展产业链构建，形成规模化、生态化的生态产品产业链；推动数据链汇集生态产品使用权、收益权、处置权等权益归属信息和生态产品开发利用情况信息功能，形成生态产品经营开发的企业库和项目库，促进龙头企业与合作社、农民进行对接；发挥金融链对接龙头企业和合作社作用，开展订单供应链金融服务、资产抵押融资服务等。

2. 公用品牌建设

在本模式中，在特定的地理环境中，经过长期积淀，独特的自然资源结合种植、养殖、采伐方式与加工工艺等产生的产品，由经销主体经营、管理通过法律授权制定的公用标志和符号，形成公用品牌。纳入上述品牌覆盖范围的所有产品共享品牌所带来的溢出效益，同时也必须遵守上述品牌规定的质量标准、种养规则、生产规范等要求。

在"三链"作用方面，产业链标准化是公用品牌的重要内容。另外，对生产流程、营销推广、安全检测、环境影响等数据的收集和分析，能够辅助公用品牌标准的制定。金融机构通过对纳入公用品牌的相关企业提供产业股权投资、供应链金融、产权直抵、资产收集、融资贴息等差别化服务，提升企业参与品牌建设的积极性和规范性。

3. 混合开发利用

本模式综合利用特定地区资源，立体、循环、多类型开发形成产品。在具体操作中，一般采取两种形式：一是农业生产结构的立体化，即林下经济、高山经济、基塘农业、丘上林草丘间塘、虾稻经济等高效、循环、立体的农林业生产，例如，在速生林下种植牧草或保留自然生长的杂草，附近围栏养殖鸡、鹅等家禽发展林下经济；二是产品模式的拓展，即在种养的基础上，进一步开展加工服务和旅游服务，推动一二三产深度融合发展。

在"三链"作用方面，混合开发利用由"点上开发"转向"链上延伸"，通过强化长链条、多产品、高附加值的产业链优势，提升产业发展的效率和效益；同步借助生态基金、生态债券、政策性银行贷款等金融工具，开发生态信用积分、生态资产经营权、生态公益林补偿收益等抵押或质押的绿色信贷服务产品，辅以数据链的信息提供，促进产业链优化发展。

四、基于"三链"协同的主体功能区生态产品价值实现

主体功能区的三大空间包括生态功能区、农产品主产区、城市化地区。生态产品供给能力、供给类型和价值实现程度、路径等各不相同。我们要立足自然禀赋、功能定位、区域分工、发展阶段和发展水平差异，以"化解区域矛盾—平衡区域利益—促进区域合作"为主线，明确生态产品价值实现的重点领域和环节，重新盘活、补充完善、整合布局价值链，引导构建产业链、金融链、数据链，依托生态环境资源要素形成分工合作、优势互补的生态产品供给链条和空间布局，创新区域协同治理机制、跨区域合作互助机制、共建共享机制，构建三大空间"功能区生产供给—动力源消费—区域功能间调控"的生态产品价值实现范式。

（一）明确主体功能区三大空间供需和价值链特征

在供需方面，生态功能区、农产品主产区是生态产品的主要供给端，是提供生态服务、农产品及初级产品、农业产业服务等的重要载体。不同区域有着供给数量、产品质量、供给结构等的差异。城市化地区是生态产品的主要需求端，并整合人力、资本、信息、技术等要素为生态功能区、农产品主产区发展提供保障。在价值链关系方面，生态功能区、农产品主产区是价值链的中上游，主要涵盖生态产品的生产开发和初级加工环节，实现生态产品的初始价值。城市化地区是价值链的中下游，其通过深加工、采购、流通、营销、消费等环节创造出高附加值。我们要依据三大空间生态产品供需和价值链特征，以合理划分空间功能、发挥空间特定效用和提升空间功能质量为抓手，推动高质量供给和高层级需求有效匹配，优化整合价值链，整体促进生态产品价值实现和跃升。

（二）促进主体功能区三大空间优势互补和利益平衡

主体功能区要强化要素融合，提升城市化地区生态产品价值转化层次；重构大尺度下的生态郊区、中尺度下的城市公园、小尺度下的居民活动空间，促进城市化地区空间赋能与融合增值；鼓励农产品主产区以产品开发、空间优化为引导，建立耕地保护与经济社会发展、乡村振兴、生态价值实现融为一体的发展模式；在经济发达的城市化地区周边，推动农业用地多功能开发利用，鼓励"城市更新""减量化""闲置用地优化盘活等"等政策创新；结合区域优势和实际需求，探索产业生态融合型、城郊低效建设用地整治型、现代农业引领型、乡村旅游带动型、特色村庄改造修复型、农田整治保护型等生态价值实现路径；以县级行政单元为基础，综合考虑不同地区生态产品价值量及社会经济发展水平，建立生态补偿指数，确定生态受偿与补偿支付的优先次序，增强优质生态产品的供给能力；深入挖掘特色生态资源价值，推动单一生态产品类型向特色产品加工、文化旅游、生态综合体等延伸；围绕高质量生态产业发展，加快推动城市化地区与农产品主产区、生态功能区建立区域合作机制。

（三）推动三大空间多产品全环节价值实现"三链"优化

在生态环境保护建设环节，以生态功能区为主要空间载体，以公共产品类、公共资源类生态产品为主要类型，强化山水林田湖草沙综合治理、生态资源权益交易基地储备、生态环保基础设施建设，通过资金、技术、信息投入扩大和提高生态产品供给，保障生态产品价值实现的可持续性。在生态产品初级生产环节，以农产品主产区为主要空间载体，以私人产品类生态产品、公共资源类生态产品、俱乐部产品类生态产品为主要类型，因地制宜发展生态农林牧渔、休闲文旅康养、农村资源资产权益交易等各类"农业+""生态+"业态，促进初级生态产品开发利用。在生态产品高级加工环节，以城市化地区为主要空间载体，以私人产品类生态产品、俱乐部产品类生态产品、公共资源类生态产品为主要类型，推动深加工产品产出、生态综合体开发、生态金融服务、生态资产管理咨询服务、生态资源权益交易平台搭建等，促进生态产品价值高阶晋升。在生态产品交易服务环节，构筑匹配三大空间各类产品特征的交易服务体系，实现区域合作共享、功能优势互补的价值增值。

五、优化生态产品价值实现的政策措施

（一）做好公共产品类生态产品的基础工作

第一，以自然资源资产产权制度建设为契机，加快建立生态产品大数据系统。加强公共产品类生态产品价值核算数据及结果共享，加快编制国家和区域生态资源资产负债表。立足于各地生态产品价值核算方法、数据和核算结果，协调整合分布在各地区、各部门、各层面和各行业、各领域的数据，构建国家统一的公共产品类生态产品价值数据系统。加快推动生态产品由实物核算向价值核算过渡。

第二，健全有利于生态产品价值实现的财税体系。加大税（费）调节力度，适当增加生态产品消费成本。进一步优化资源税（费）、环境保护税（费）体系，充分发挥消费税、耕地占用税等直接性税（费）种，以及增值税、所得税等间接性税（费）种的调节功能。建立健全与生态产品价值增量或保护水平相匹配的生态补偿资金分配机制。研究政府生态补偿资金基于生态产品保护程度或价值增量的竞争性分配、按进度拨付、按增减量奖惩的实施方案。

第三，建立有利于生态产品供给及价值实现的多主体生态信用"评价—奖惩"机制。建立政府、企业、建制村、自然人等不同主体的生态信用档案、正负面清单和信用评价机制，建立生态信用行为与财政拨款、金融信贷、行政审批、医疗保险、社会救助等挂钩的联动奖惩机制。

第四，加快推进自然保护地整合优化工作。对自然保护地碎片化、原住居民搬迁等部分历史遗留问题、保护地补划地块跨行政区集中补充等分类施策解决，依法推进地方级自然保护地的撤销、范围调整、功能区调整和总体规划编制（修订）审批工作。

第五，借助多方力量合作推进公共产品类生态产品价值实现。通过有效运用政府特许经营、政府购买、财政贴息等手段吸引社会资本，利用技术和管理手段改变非排他性、非竞争性条件将产品转为利于市场介入的类型，吸引多方力量参与公共产品类生态产品的价值实现。

（二）完善公共资源类生态产品交易运行体系

第一，优化公共资源类生态产品交易体系。厘清农村资源资产权益交易中心、环境能源交易所、其他产权交易所，以及金融资产类交易所、区域性股权市场等的业务边界。强制交易平台实时公开一级市场供需情况和二级市场生态产品的挂牌交易量、交易价格、履约情况等信息。

第二，稳步推进权属交易市场金融化。有序开放银行、证券公司等金融机构和个人参与市场交易，挖掘公共资源类生态产品金融属性。积极推动配额证券化，发展配额金融衍生品，丰富交易方式，提升市场的流动性和活跃度。完善价格调控措施，设定调控措施触发条件，通过"配额蓄水池"、限制涨跌幅和持仓量等方式，防范价格剧烈波动造成的金融风险和企业额外负担。充分发挥金融链为绿色产业链投融资提供资金支持的作用。完善农村土地经营权抵押贷款担保和再担保机制，推行农村产权抵（质）押贷款、租赁和按揭服务，鼓励融资性担保公司对农村产权抵押贷款开展担保业务。

第三，完善权属交易市场政策体系。提高立法层级，制定效力等级较高的上位法，对总量限额、配额分配、履约体系、交易规则、监管处罚办法等提出框架性要求；完善效力等级较低的下位法，对框架进行详细解释说明。加快衔接碳排放权交易、可再生能源消纳保障、绿证自愿认购等机制，避免重复计量。加快完善碳排放权、排污权、用能权等政策体系，增强政策的可操作性。健全林业碳汇计量和监测体系，推动精准测算。

第四，强化市场监管核查。对企业生态产品消耗、市场交易等情况加强检查。对企业违规违法行为处以高额罚款，并将违规违法企业列入"失信黑名单"。研究采用企业实时在线报告生态产品消费、政府通过相应方法定期核查报告结果的监管模式。

（三）推动俱乐部产品类生态产品市场化进程

第一，提升俱乐部产品类生态产品产业链协作水平。以产业联盟为抓手延伸产业链。依托民宿、康养等产业联盟，打造体系化、品牌化、个性化的产品线和服务。依托各类产业投资机会清单，吸引产业链上下游企业进行集中商讨，在生态产品地区定期组织召开产业联盟投资联席会议，汇集组成特定生态产品的投资联合体。拓展俱乐部产品类生态产品产业链的应用场景，在生态良好、气温适宜的地区发展数据中心产业，在滨海地区发展深海数据存储产业，在城市地区的公园发展会展产业等。

第二，激活绿色金融的全链条、全周期支持潜力。尽快落实生态资产权益抵押。参照公益林权益抵押，丰富以生态产品预期收益为贷款抵押物的种类，如生态农产品保底销售收益、生态景区门票收益等，建立多元化的生态产品权益抵押标准，破解没有标准化抵押物的难题。推广、建立生态信用积分体系，借鉴丽水"两山贷"经验，把生态信用积分作为信贷产品和服务的前提和优惠条件，做实"生态信用贷"，打通生态信用积分与信贷体系的通道。探索"生态产品确权＋绿色信贷＋风险补偿""公共产品＋绿色基金""绿色PPP融资"等金融支持模式。

第三，建立俱乐部产品类生态产品的动态数据库。加快建立俱乐部产品类生态产品信息收集、登记与发布制度，发挥俱乐部产品类生态产品数据链的辅助决策功能。依托现有各级、各类生态环境监测体系，建立接口统一、门类齐全、体系完整的俱乐部产品类生态产品基础数据库。依托基础数据库建立俱乐部产品类生态产品信息平台，公布生态产品供给、产业投资机会、金融产品与服务需求、投资意向、创新性金融产品和业务信息等供需清单。

（四）为私人产品类生态产品营造良好的环境

第一，强化市场监督管理。加强产品质量安全检测和执法工作，对市场上以假充真、以次充好的私人产品类生态产品强化打击，完善假冒伪劣商品曝光平台建设，稳步健全产品质量管理追溯机制。

第二，全力优化营商环境。加快转变政府职能，激发市场活力。积极鼓励落后地区引入国内外知名大型商贸服务企业，在销售网络、技术、认证评级、产业链配套、小微企业信贷等领域借力合作。从源头研发、规则制定、宣传推广到末端产品运用，探索完善区域产品认证标准和技术规范体系。鼓励通过联合研发、短期聘用、中介引才、产教融合、兼职挂职等多种方式招才引智。因地制宜地推动私人产品类生态产品制造企业集中入园，优化产业园区道路、通信、大数据平台、消防、污染物收集处理等基础设施建设。

第三，提升绿色金融支持力度。探索"生态资产权益抵押＋项目贷"、反向保理等绿色信贷业务模式。鼓励保险公司对农民的种植、养殖、加工项目开展优惠性保险。设立生态产品经营开发引导基金，吸引社会资本投入，以低息贷款、债权投资与股权投资相结合的方式支持相关生态产品经营开发项目。探索生态产品资产证券化路径与模式。鼓励整合、利用集体积累资金、政府帮扶资金等，通过入股或者参股农业产业化龙头企业、村与村合作、村企联手共建、扶贫开发等多种形式发展集体经济。

（五）优化主体功能区生态产品价值实现政策体系

第一，整合形成差异化政策供给体系。城市化地区应以户籍制度、土地集约、要素流动等为重点，系统建立城市更新与生态产品价值链的创新发展机制。农产品主产区应以耕地保护、财政与税收优惠、产业行业协同等为重点，系统推进生态农产品高质量生产和生态价值高水平转化。生态功能区应以生态环境保护修复、生态保护补偿市场化运作等为重点，系统探索生态产品价值实现的内生转化动力和区域绿色发展机制。

第二，建立健全三大空间合作共赢机制。建立健全中央财政对农产品主产区、生态功能区的纵向补偿机制。构建城市化地区向农产品主产区、生态功能区的产业、资金、项目、技术、人才等的横向补偿协作机制，探索建立"双向"异地开发机制。借助长江经济带发展、京津冀协同发展、粤港澳大湾区建设、黄河流域生态保护和高质量发展、长三角一体化发展等国家重大发展战略，支持重点农产品主产区、生态功能区与城市化地区发展共建园区、飞地经济等区域合作形式，形成与供给地资源环境特点相协调的生态环境友好型产业集群，打通生态产品价值实现的市场通道。

第三，着力完善主体功能区配套政策与其他相关政策的协调性。妥善处理主体功能区配套政策在区域合作机制、区际利益补偿机制、基本公共服务均等化机制中的政策设计问题，引导建立有侧重、有补充的分区解决方案。在国土空间规划和用途统筹协调管控制度下，结合"三线"管控要求，注重挖掘生态产品价值，加强政策精细化供给。

（六）完善生态产品价值实现的理论支撑

第一，在推进生态产品价值实现中强化对社会属性的研究。对比西方经济学的边际效用价值论、要素价值论、均衡价值论，以马克思政治经济学的劳动价值论为重点，完善生态产品价值的标准及内容，构建具有中国特色的社会主义生态产品价值实现话语体系。以供需均衡为主体，深化研究生态产品价值实现的条件、对象、特征和重点领域。在把握规律的基础上，进一步完善不同类型生态产品价值实现的工作机制、技术平台、监管举措、法律法规体系等。

第二，把准生态产品价值实现的政策切入点。进一步明确生态产品价值实现政策发挥效用的特定条件和对象，把准相关政策的切入点，不断优化政府参与生态产品价值实现的角色定位。生态产品价值核算对于公共产品类生态产品的价值实现具有促进作用；而对于私人产品类生态产品的价值实现，由于需求方购买意愿和偏好特殊性强、差异性大，发挥的效用有限。明晰产权对于公共资源类生态产品、私人产品类生态产品，在价值实现过程中的需求较大；而对于其他类型的生态产品，其在价值实现过程中的需求有限或者可以用其他方式代替。价格管控对于消费群体规模较小的私人产品类生态产品，应尽量减少其对价格的干预；而对于消费群体规模较大甚至不仅涉及当代也涉及后代的公共产品类生态产品、公共资源类生态产品，必须对价格上下限进行控制并维持稳定。

参考文献

[1] 刘贵富，赵英才. 产业链：内涵、特性及其表现形式 [J]. 财经理论与实践，2006（3）：114-117.

[2] 吴金明，邵昶. 产业链形成机制研究——"4+4+4"模型 [J]. 中国工业经济，2006（4）：36-43.

[3] 郑伟. 全金融链模式探索 [J]. 首席财务官，2014（15）：55-57.

[4] 李云茹. 战术数据链及其应用技术 [J]. 中国电子科学研究院学报，2007（2）：211-217.

[5] 黄如良. 生态产品价值评估问题探讨 [J]. 中国人口·资源与环境，2015，25（3）：26-33.

[6] 白臣. 绿色发展视域下生态产品价值实现机制研究 [J]. 产业创新研究，2020（22）：34-35，38.

[7] 刘江宜，牟德刚. 生态产品价值及实现机制研究进展 [J]. 生态经济，2020，36（10）：207-212.

[8] 周静.生态补偿推进生态产品价值实现的几点思考 [J].中国国土资源经济，2021，34（5）：19-23，9.

[9] 赵政.美国生态产品价值实现机制相关经验及借鉴 [J].国土资源情报，2019（9）：3-7.

[10] 黄如良.生态产品价值评估问题探讨 [J].中国人口·资源与环境，2015，25（3）：26-33.

[11] 冯春安.国内劳动价值论争鸣简评 [J].经济学动态，2001（11）：54-56.

[12] 于新.劳动价值论与效用价值论发展历程的比较研究 [J].经济纵横，2010（3）：31-34.

[13] 许成安，杨青.劳动价值论、要素价值论和效用价值论中若干问题辨析——兼评《劳动价值论与效用价值论的辩证关系》一文 [J].经济评论，2008（1）：3-8.

[14] 马克思.资本论（第一卷）[M].北京：人民出版社，2008.

[15] 张林波，虞慧怡，李岱青，等.生态产品内涵与其价值实现途径 [J].农业机械学报，2019，50（6）：173-183.

[16] 刘江宜，年德刚.生态产品价值及实现机制研究进展 [J].生态经济，2020，36（10）：207-212.

[17] 范振林，李维明.生态产品价值实现机制研究——以贵州省为例 [J].河北地质大学学报，2020，43（3）：82-90.

[18] "公司＋合作社＋农户"模式走出农民增收路 [EB/OL].[2020-12-22].http：//www.ce.cn/xwzx/gnsz/gdxw/202012/22/t20201222_36142652.shtml

[19] 孙艺榛，郑军.农产品区域公用品牌建设文献综述 [J].农村经济与科技，2018，29（1）：6-8，17.

[20] 于丽瑶，石田，郭静静.森林生态产品价值实现机制构建 [J].林业资源管理，2019（6）：28-31，61.

[21] 丘水林，庞洁，靳乐山.自然资源生态产品价值实现机制：一个机制复合体的分析框架 [J].中国土地科学，2021，35（01）：10-17，25.

[22] 张兴.自然资源管理中的生态产品价值实现机制探究 [J].国土资源情报，2019（4）：3-9.

[23]　刘伯恩.生态产品价值实现机制的内涵、分类与制度框架 [J].环境保护，
　　　　2020，48（13）：49-52.

[24]　黎祖交.关于建立生态产品价值实现机制的几点思考 [J].绿色中国，2021（5）：
　　　　68-75.

[25]　马永欢，吴初国，曹庭语，等.对我国生态产品价值实现机制的基本思考 [J].
　　　　环境保护，2020，48（Z1）：68-71.

[26]　赵晓宇，李超."生态银行"的国际经验与启示 [J].国土资源情报，2020（4）：
　　　　24-28.

[27]　杨筠.生态公共产品价格构成及其实现机制 [J].经济体制改革，2005（3）：
　　　　124-127.

[28]　卫兴华，林岗.马克思主义政治经济学原理 [M].北京：中国人民大学出版社，
　　　　2016.

[29]　卓成刚，曾伟.试论公共产品的市场供给方式 [J].中国行政管理，2005（4）：
　　　　51-54.

[30]　程浩，管磊.对公共产品理论的认识 [J].河北经贸大学学报，2002（6）：
　　　　10-17.

[31]　龙新民，尹利军.公共产品概念研究述评 [J].湘潭大学学报（哲学社会科
　　　　学版），2007（2）：45-49.

[32]　王磊.公共产品供给主体及边界确定的交易费用经济学分析——兼论我国
　　　　公共产品供给过程中交易费用的计量 [J].财经问题研究，2007（4）：64-71.

[33]　任俊生.论准公共品的本质特征和范围变化 [J].吉林大学社会科学学报，
　　　　2002（5）：54-59.

专论一

公共产品类生态产品价值实现研究

摘　要

公共产品类生态产品是具有非排他性、非竞争性和较强外部性的生态产品，其价值主要建立在劳动价值论基础之上，而实现其价值应在遵循生态产品价值实现一般规律的基础上把握和适应公共产品的特征。公共产品理论和外部性理论着力于解决公共产品供给不足和外部性问题，是公共产品类生态产品价值实现的理论基础、相关机制设计、路径与模式构建的理论依据。公共产品类生态产品价值实现机制设计包括多元主体参与机制、行政与非行政手段协同机制、基于数据链的生态产品价值核算评估机制、建立在价值核算基础上的财政资金分配机制和基于数据链的资源环境税费（率）定价机制、与准公共产品类生态产品价值实现之间的衔接机制等。路径与模式构建则遵循公共产品类生态产品生产和供给的基本思路，代表公众利益的财政手段发挥主导作用，主要涉及纵横向转移支付（生态补偿），资源环境税费调节和政府购买也是直接或间接实现其价值的重要手段。加快实现公共产品类生态产品价值，需加强对公共产品类生态产品价值的重要性的宣传和认识，引入社会资本力量，完善产权制度建设，构建大数据系统，强化价值实现的主体支撑和配套支持，并通过税费调节政策和基于价值增量的资金分配政策建立健全激励约束机制。

一、引言及文献综述

生态产品具有较强的公共属性,推动生态产品价值实现是践行"两山"理念、促进公众更好地、可持续地享用"生态福利"的关键。公共产品类生态产品作为生态产品的重要组成部分,公共属性最显著,推动其价值实现既体现了生态产品的一般性,又因其具有非排他性、非竞争性和较强的外部性,在价值实现机制、路径、模式等关键要素的设计和实践中对公共部门及行政手段的需求和要求更高,权属界定和价值核算的重要性和难度更大,政府与市场、社会等多元主体之间的协调配合作用更为显著。

已有的关于生态产品价值实现的相关研究,大多是针对大类生态产品的,专门针对公共产品类生态产品探讨其价值实现机制、路径、模式的研究相对较少。

一方面,广泛意义上的生态产品价值实现研究,一是关注基础性的生态产品内涵界定(张林波等,2019年)、生态产品价值实现的理论基础(王斌,2019年;李宏伟等,2020年)、实现机制的内涵及分类(刘伯恩,2020年)、价值实现政策工具(高晓龙等,2019年)、制度保障(孙博文和彭绪庶,2021年)等;二是一般性的基本机制、模式和路径等研究(王夏晖等,2020年;丘水林和靳乐山,2021年);三是从整体层面分析、梳理和总结相关研究进展(高晓龙等,2020年)及国内外经验启示(虞慧怡等,2020年)等;四是针对某些重点或典型地区、特殊类型的生态产品价值实现,如长江经济带(李忠,2020年)、欠发达地区(郭韦杉和李国平,2022年)、浙江省(方敏,2020年)、国家公园(陈雅如等,2019年;臧振华等,2021年)、自然资源(丘水林等,2021年)等。

另一方面,在已有的关于公共产品类生态产品价值实现的研究中,没有专门针对此类生态产品的文献,而是在大类生态产品价值实现研究中将其作为其中的一类有所涉及,如孙博文和彭绪庶(2021年)指出生态修复、政府主导下的生态补偿(包括纵向补偿、跨区域横向协调补偿和激励性补偿)是公共产品类生态产品价值实现的主要模式;或者因生态产品具有公共产品属性而间接研究了公共产品类生态产品价值的实现。

二、理论基础与特征

公共产品类生态产品的本质特征是非排他性、非竞争性和外部性，相关理论是公共产品类生态产品价值实现的基础理论。劳动价值论和效用价值论是价值理论的两大重要流派，为公共产品类生态产品的价值实现提供了理论依据，其中前者更具代表性。公共产品理论、外部性理论、价值理论等决定了公共产品类生态产品价值实现关键问题的解决、主体选择和实践基础。

（一）公共产品类生态产品基础理论与概念特征

公共产品类生态产品既具有公共产品的一般属性，又具有生态产品的特殊性质，其内涵和特征仍建立在公共产品理论和外部性理论的基础上。

1. 公共产品理论

公共产品是西方公共经济学的核心概念。公共产品理论最早是英国学者托马斯·霍布斯提出的，他认为，国家作为群体授信的一个人格，应以有利于大家的和平与共同防卫的方式，担负起对由个人享用但却无法提供的公共产品的供给。英国早期哲学家、历史学家和经济学家休谟是最早明确阐述公共产品的公共性特征并提出政府提供公共产品的思想的学者之一。"搭便车"问题导致公共产品供给不足。这是由公共产品的公共特征——利益外溢性（或称为利益不可分割，即非排他性）决定的。继休谟之后，亚当·斯密对公共产品和私人物品进行区分，其在《国富论》中指出，政府只需充当一个"守夜人"执行 3 项必要的职能，包括对国家安全、社会安全、司法制度、公共事业等事项提供最低限度的公共服务。约翰·斯图亚特·穆勒进一步指出，政府除保护人们免遭暴力和欺诈这两项职责外，还应提供铺路、道路照明及修建海港、灯塔和堤坝等公共服务。

萨缪尔森在 20 世纪 50 年代发表的一系列著作逐步明确了公共产品的内涵，并逐渐形成了当前理论界和实务界都较为认可的定义：公共产品是指可将效用扩展于他人且成本为零、无法排除他人参与共享（即我们现在所理解的非排他性和非竞争性）的一种商品。当然，公共产品的非排他性和非竞争性特征也有可能发生变化。哈维·罗森等人指出"公共物品的分类并非绝对"，以港口灯塔为例，通过安装特殊接收器，可以实现对灯塔信号的排他使用，说明"一种物品的特征还应取决于技术状况和法律安排"。

公共产品供给理论经历了单纯由政府提供到政府、市场和社会等多元主体均可提供的发展演变过程。公共产品供给理论始终围绕"搭便车"所带来的供给不足提出解决方案。早期公共产品供给理论认为公共产品只能由政府提供。20 世纪 70 年代，科斯发表《经济学中的灯塔》，该书通过回顾英国灯塔制度的演变，指出灯塔服务可由私人提供，对"公共产品一定要由政府供给"提出了质疑。此后，公共产品的市场供给越来越受到重视。尤其是随着经济理论如博弈论、组织理论的发展，以及政府供给公共产品暴露出诸多问题，人们开始将目光移回市场，思考私人提供公共产品的可能性和方案。

人们对市场和社会可以作为公共产品的供给主体已形成共识。私人部门不仅可以参与公共产品供给，而且有助于提高公共部门效率、减少寻租和腐败行为，参与的途径或方式主要有：私人生产，政府采购；授权经营；以补贴等优惠政策引导私人部门生产等。公共部门提供的公共产品也并不一定是由其生产的，国防就是政府供给但不完全由政府生产的典型例子。另外，纯公共产品一般由政府供给，准公共产品一般由市场供给或市场与政府合作供给。通过研究公共产品需求收入弹性的大小，可以进一步明确政府与市场参与该产品供给的程度：需求收入弹性高的公共产品有条件增加市场参与程度，需求收入弹性较低的公共产品应更多地由政府供给。对于需求收入弹性较高的公共产品，不断扩大市场参与份额可以减轻政府的供给压力。

2. 外部性理论

外部性理论最早源于对穆勒"灯塔"问题的分析。亨利·西奇威克在著作《政治经济学原理》中指出，完全出于个人利益建造灯塔的人，尽管不是出于本意，但是使其他人获得了免费服务，而且可能额外承担一些由他人带来的无法获得补偿的精神或货币损失。外部性概念最早由马歇尔提出。他在《经济学原理》（1890

年）中首次提出了"内部经济"和"外部经济"。前者指单个企业由于分工等带来的效率提升，微观经济学中的规模经济属于此类；后者指由企业间分工合作带来的效率提升。此后，师从马歇尔的庇古在其著作《福利经济学》中完善了外部性理论。庇古通过对社会边际成本和私人边际成本、社会边际收益和私人边际收益等概念进行分析和比较，丰富了外部性理论，指出不仅有正外部性，还有负外部性。社会和私人的边际收益和边际成本的差异导致市场机制配置资源失灵，无法达到帕累托最优状态，因此政府的介入十分必要，其中庇古税是重要手段。

科斯对外部性理论的发展也发挥了重要影响。科斯（1960 年）对庇古税提出了批判：其一，外部性具有相互性；其二，当交易费用为零，即各方可通过自由协商达成共识而实现资源优化配置时，征收庇古税没有必要；其三，即使交易费用不为零，也要比较各种解决外部性问题方法的成本和收益，庇古税不一定是最优的。西方经济学家总结科斯的学术理论和思想，提出了科斯定理，拓展了市场"看不见的手"的作用机制和范围，根据科斯定理，只要假设条件成立，即使存在外部性影响，市场机制配置资源也能实现帕累托最优。

综上可知，外部性是由私人收益与社会收益、私人成本与社会成本之间的差异引起的，解决外部性问题主要有庇古等学者提出的税收和补贴政策、科斯等提出的明确财产权，以及企业合并（外部性内部化）等手段和方式。

3. 公共产品类生态产品界定及特征

"生态产品"是具有鲜明中国特色的概念，与发达国家所注重的生态系统服务性质相近。2010 年国务院发布的《全国主体功能区规划》中对生态产品的定义是维系生态安全、保障生态调节功能、提供良好人居环境的自然要素，包括清新的空气、清洁的水源和宜人的气候等，生态产品对人类生存发展的必需性与农产品、工业品和服务产品一样。对此，许多研究从表现形态和功能属性的角度，将生态产品划分为生态物质产品、生态文化服务和生态调节服务。其中，生态物质产品包括自然生态系统本身提供的生态产品，如空气、土壤、森林、草原、湖泊、河流等，以及人类基于自然生态系统生产的绿色农产品、生态工业品、旅游产品等；生态文化服务是指满足人类精神层面需要的文化服务，如生态旅游、美学体验等；生态调节服务是指生态系统服务，如防风固沙、涵养水源、气候调节等（廖茂林等，2021年）。

遵循经济学中对产品的划分原理，根据非排他性和非竞争性的有无和强弱，生态产品可划分为公共产品类、公共资源类、俱乐部产品类和私人产品类4种。公共产品类生态产品是指具有非排他性、非竞争性的生态产品，如宜人的气候、清洁的空气、干净的土壤，以及自然保护区和生态公益林建设、退耕还林还草、荒漠化防治等具有生态恢复和环境治理功能的项目等。公共产品类生态产品既具有生态产品的一般性特征，也具有公共产品的属性，概括起来主要有非排他性、非竞争性、正外部性、稀缺性、有益性、自然属性等。

第一，公共产品类生态产品是非排他性和非竞争性表现较为明显的生态产品，居住于其中的所有人公平共享，对于个人来说无准入门槛、无额外成本。但是，公共产品类生态产品的非排他性和非竞争性取决于其承载空间和能力，并不是固定不变的。当人群规模、人类生产生活、自然系统灾害等因素的作用超过公共产品类生态产品的承载空间和能力时，其将不再具有非排他性、非竞争性，而变成公共资源类、俱乐部产品类或私人产品类公共产品。例如，当人类生产生活对水生态系统的干扰和破坏超过其自净能力时，增加人群规模会带来污水治理等额外的成本，即不再具有非竞争性，而且人们可能也会想方设法阻止外来人员进入，也就具有了排他性。

第二，生态产品对人类的生存和健康大有裨益，是生存与可持续发展的必要条件，其生产或供给的私人收益一般小于社会收益、私人成本一般大于社会成本，具有较强的正外部性。尤其是公共产品类生态产品的非排他性和非竞争性，使得其对人类生存与发展的有益程度更深、范围更广，正外部性也更为明显。

第三，不同于物质产品和文化产品，生态产品的生产、消费或使用过程离不开自然生态系统的参与，或由自然界直接提供，或由人类借助自然界的力量和条件生产和提供，因此，生态产品具有鲜明的自然属性。尤其是公共产品类生态产品一般覆盖范围广、系统性强、更加贴近自然生态系统，自然属性更为明显。

第四，人们对优质生态产品的需求与日俱增与自然生态系统供给能力的相对有限性，共同决定了生态产品的稀缺性（俞敏等，2020年）。而公共产品类生态产品由于不具有排他性和竞争性，人们对其稀缺性的感知可能不如其他生态产品明显，但一旦被破坏或质量下降，恢复的难度较大，稀缺性就更为凸显。

（二）价值理论与公共产品类生态产品价值

随着社会发展和技术进步，人类活动边界日益拓展，对生态环境的影响范围和程度日益增加，凝聚人类一般劳动的生态产品越来越多，很多以前并不具有价值的生态产品在当今社会都具有了价值，人们有意识地改造自然资源或物品，使其凝聚人类一般劳动而成为生态产品，在这一过程中自然物品拥有了对于人类来说的资源价值和经济价值（刘江宜和牟德刚，2020 年）。

1. 劳动价值论与公共产品类生态产品价值

劳动价值论最早由英国经济学家威廉·配第提出，经过亚当·斯密、大卫·李嘉图再到马克思的继承与发展，最终形成了完整、科学的理论体系。威廉·配第认为劳动是价值的源泉，这奠定了劳动价值论的理论基础。亚当·斯密比较系统、完整地阐述了劳动价值论，最先区分了使用价值和交换价值。大卫·李嘉图进一步完善了劳动价值论，其赞同对使用价值与交换价值进行区分，并认为没有使用价值的东西就不可能有交换价值。

马克思在批判地继承古典经济学劳动价值论的基础上，通过对商品和生产商品的劳动的性质和形式进行分析，提出了商品二因素和劳动二重性学说，说明了具体劳动创造商品的使用价值，抽象劳动形成商品的价值；商品的价值就是凝结在商品中的人类抽象劳动；商品的价值量决定于社会必要劳动时间；价格是价值的货币表现形式等内容，使得劳动价值论建立在科学基础之上。

生态产品往往源于人类生产和自然生产的共同作用，生态产品价值理论丰富了马克思主义劳动价值论，有必要将为生态环境保护而放弃的生产、对生态环境的经营管理也纳入人类生产（张林波等，2019 年），即公共产品类生态产品价值既来源于直接生产生态产品时所付出的人类劳动中所蕴含的抽象劳动，也来源于污染治理、经营管理和放弃发展等人类生产活动。首先，公共产品类生态产品需要投入一定的劳动力维护、保护和治理，尤其是对于遭到破坏的公共产品类生态产品，投入的劳动力更为明显，这些劳动力投入都是其价值的来源。其次，公共产品类生态产品的自然属性较强，即生态系统的自我供给能力较强，这意味着很多时候需要的只是不干扰、不破坏，而并不需要额外投入。对于这种情况，为了维护和保护公共产品类生态产品而放弃人类活动介入和发展等机会成本也可视为价值的来源。最后，公共产品类生态产品也是使用价值和价值的有机统一，具有使用价值和交换价值。公共产品类生态产品的价值源于前述两点所涉及的人类劳动，使用价值主要表现在对人类生存和健康的必要性、提升心理愉悦感和满足感，以及依托公共产品类生态产品生产产品、发展相关产业等。公共产品类生态产品的交换主要通过生态补偿、税收等方式实现，政府作为公众利益的代表与生态产品供给方进行交换，补偿其对公共产品类生态产品的供给成本。

2. 效用价值论与公共产品类生态产品价值

效用价值论认为物品的价值取决于其对人的欲望或需求的满足程度，满足的过程就是价值的形成过程。效用价值论经历了一般效用价值论和边际效用价值论两个主要阶段。法国经济学家孔狄亚克被视为效用价值论的开创者，认为价值取决于效用和稀有性，前者决定价值的内容，后者决定价值的大小。德国经济学家戈森是边际效用价值论的主要先驱者，提出了人类满足需求的 3 条定理，为边际效用价值论奠定了理论基础。边际效用价值论认为价值不是由生产商品所耗费的社会必要劳动量决定的，而是取决于物品的效用和稀缺性，取决于消费者主观心理上感觉到的边际效用。19 世纪 70 年代，英国经济学家杰文斯、奥地利经济学家门格尔、法国经济学家瓦尔拉斯提出用主观价值（即对人类福利的重要性）和客观交换价值（即购买力）来取代使用价值和交换价值。此后，边际效用价值论发展为两个流派，一个是以奥地利学派为代表的心理学派，另一个是以洛桑学派为代表的数理学派。帕累托首次区分了基数效用和序数效用，系统地提出了序数意义上的效用价值论，解决了边际效用量的度量和主观感受不可计量的问题。边际主义学说的进一步完善则以美国经济学家克拉克所提出的边际生产力分配论为主要标志。

从效用价值论的角度解释价值来源的主要原因在于公共产品类生态产品的稀缺性。公共产品类生态产品不具有排他性和竞争性，如前所述，人们对其稀缺性的感知可能不明显，因此对其带来的效用满足感也不明显，价值难以得到全面体现。但是，生活水平的提高使人们对身心健康和生活品质更加重视，对公共产品类生态产品的需求及其带来的效用满足感也会增加，公共产品类生态产品重要性的排序上升，在其受到破坏时更为明显，基于效用价值论的公共产品类生态产品价值增加。尤其是当生态环境逐渐恶化，这些原本丰富的自然要素逐渐稀缺时，人们意识到这些生态产品带给自己的边际效用也越来越大，因此从效用价值论的角度来讲，生态产品具有价值。另外，效用价值论认为客观交换价值（即购买力）是实现价值的重要方面，随着生活水平和生活品质的提高，人们为公共产品类生态产品支付的意愿和能力增加，交换价值和价值随之增加。

（三）公共产品类生态产品价值实现的规律性特征

加快推进公共产品类生态产品价值实现，应满足公共产品供给要求，避免或解决"市场失灵""政府失灵"，加强产权权属、价值核算等基础支撑，强化不同主体协同。

1. 公共产品类生态产品价值实现需围绕适应和解决非排他性和非竞争性及其带来的外部性问题展开

非排他性、非竞争性、正外部性是公共产品类生态产品的本质特征，价值实现需以此为基础，着力于解决其中的外部性问题。

首先，根据前面对外部性理论的阐释，生态补偿、税费征收、明晰产权、行政区划或管理权限调整优化是解决公共产品类生态产品外部性问题，进而实现其价值的关键手段。

其次，公共产品类生态产品的非排他性和非竞争性并非固定不变，会因受到外界条件、技术发展、自身承载能力、供求形势等因素的影响而改变，因此实现公共产品类生态产品价值所针对的对象也应动态调整、灵活设置。例如，当公共产品类生态产品的非排他性和非竞争性减弱或消失并转化为公共资源类、俱乐部产品类或私人产品类生态产品时，针对公共产品类生态产品的手段可能不再适用；对于某些大类生态产品中具有非排他性和非竞争性的部分，可采用或配合使用针对公共产品的手段。

最后，产品生产和消费的私人收益与社会收益、私人成本与社会成本不相等导致外部性，可围绕促进私人收益与社会收益、私人成本与社会成本，匹配、探索、实践公共产品类生态产品价值的实现。

2. 各级政府在公共产品类生态产品价值实现中具有核心和主导作用

一般来说，各种类型生态产品的价值实现均离不开政府的参与或支持，而公共产品类生态产品因非排他性、非竞争性和正外部性带来了更大的受益范围、更广的受益人群、更深的受益程度。作为公共利益代表的各级政府在其价值实现中发挥着核心和主导作用，同时也需要善于发挥这种作用。

首先，在上面提到的生态补偿、税费征收、明晰产权、行政区划或管理权限调整优化等手段中，政府发挥着核心和主导作用。生态补偿资金主要来源于政府财政收入，资源环境税费政策由政府制定并组织税费征收，产权由政府部门组织认定并制定法律保护。

其次，现实中具有完全非排他性和非竞争性的公共产品类生态产品较少，一般来说非排他性、非竞争性和正外部性具有一定的范围限制，对于非排他性、非竞争性和正外部性较高及适用范围较广的生态产品，包括中央政府在内的各级政府均应该大力介入其价值实现，并应各有侧重。对于跨行政区、非排他性和非竞争性地域范围更广的生态产品的价值实现，中央政府介入的程度更深、支持力度更大；地方性的公共产品类生态产品的价值实现，则主要以辖区政府为主。

最后，公共产品理论认为，政府可以通过采购、补贴、授权经营等方式引导市场力量参与公共产品类生态产品供给；同样地，在以政府为核心的公共产品类生态产品价值实现中，应积极引导和利用社会和市场力量。

3. 建立在权属界定和价值核算基础上的多元化模式是公共产品类生态产品价值市场化实现的必由之路

公共产品类生态产品的自然属性和系统性较强，涉及范围广、主体多，实现其价值需要大量的人力、物力、财力保障，应建立多元化的保障机制。

第一，产权制度是市场经济的基础，明晰产权是引入并发挥好社会和市场力量的重要前提，也是基于科斯定理解决公共产品外部性问题的必要条件，因此应做好公共产品类生态产品的权属界定和价值核算。

第二，具体来说，应明确公民拥有平等享用公共产品类生态产品的权利，明确相关方在生态产品价值实现中的权责利，建立全域性通用的公共产品类生态产品价值核算方法和核算数据平台，并作为生态补偿资金分配、生态环境类税费征收、生态环境保护考核奖惩机制的设计基础。

第三，引入具有营利性的市场力量参与，应采取灵活多样的方式为其合理的收益创造条件，提升可持续性。例如，在公共产品类生态产品中配套使用具有营利性的其他类别的生态产品，引导市场力量将部分收益用于公共产品类生态产品的供给，或者发挥其外溢效应以提升公共产品类生态产品的供给质量。

三、机制设计

公共产品类生态产品价值的实现，涉及参与主体、实现手段、配套机制等诸多方面，其价值实现机制的设计应有利于凝聚共识、汇聚合力、精准施策，并调动各参与主体的积极性与主动性，发挥不同主体之间、不同手段之间、不同生态产品之间的协同效应。

（一）多元主体参与机制

公共产品类生态产品的价值实现，应建立以中央政府为主导、地方政府为主体、社会市场力量参与的多元主体参与机制，该机制引入的重点领域是生态补偿，薄弱环节是引导社会资本进入并发挥协同效应。

首先，中央政府在资金投入和分配、政策制定、标准设定、价值核定、产权界定和保护中应发挥核心和主导作用。地方政府作为实施主体，既要发挥好信息和组织优势，提供良好的生态产品，维护国家生态产品价值实现机制及政策的设计、制定和实施，同时也要发挥主观能动性，积极探索、实践公共产品类生态产品价值的实现。社会和市场力量要将逐利性、公益性和生态产品价值相结合，尤其是政府部门要尊重和善于借助市场机制，通过特许经营、补贴、政府采购等手段促进私人资本参与公共产品类生态产品的供给及价值实现。

其次，主体多元、方式多样、渠道多维是多元主体参与机制的核心。要将政府主导与企事业单位投入、个人和国际捐赠等相结合，将生态补偿财政主导与碳市场交易、排污权交易、水权交易、生态商标等市场方式相结合，将资金支持与人才培养、就业培训、技术援助和产业扶持相结合，形成生态补偿的最大合力。

最后，激发公共产品类生态产品价值实现中社会和市场参与主体的活力和协同效应。通过绿色债券、绿色信贷、政策性金融支持等绿色金融服务引导社会资本投向生态产品保护和功能提升，引导、鼓励和督促社会大众尽量选择有利于环境可持续发展的产品，促进生态环境保护领域民间社会组织发展，充分发挥中间组织在信息提供、技术和市场支持、基础设施建设等方面的功能等。

（二）行政手段与非行政手段协同机制

公共产品类生态产品价值实现机制是在政府主导下对行政手段与非行政手段的综合利用，关键在于采用行政手段引入社会和市场力量调节，在政府主导下强化非行政手段的作用。作为最普惠的民生福祉，政府路径是公共产品类生态产品价值实现的主要方式。政府作为主导者或直接购买人，购买生态产品，自然资源权益人、代理人则作为供给方提供生态产品，运作形式多为政策框架下的财政支出或补贴，如生态保护补偿。同时，区域利益补偿、自然资源产权流转、生态资本收益、生态产品溢价也是其价值实现的重要模式，政府主导在其中发挥关键的作用。

一方面，公共产品类生态产品的非排他性、非竞争性和规模决定了其价值实现需要政府行政手段主导，尤其是中央政府转移支付或生态补偿发挥了关键核心作用，同时财力资源的有限和生态产品社会价值、经济价值的日益凸显，也决定了需要社会组织、企业等主体参与及市场机制发挥资源配置作用。政府主导下的激励性补偿模式，即政府通过政策性补贴、企业税收减免的方式给予生态保护主体一定的激励性补偿是政府借助非强制性行政手段促进公共产品类生态产品价值实现的有效手段。政府牵头成立并作为公共性市场化投资机构运行的国家绿色发展基金是不少国家的成功经验，资本金来源包括整合的节能环保资金、引导撬动的社会资本。

另一方面，资源环境税费征收政策调节、生态产品权属界定、横向转移支付或生态补偿的引导和规范作为公共产品类生态产品价值实现的重要机制，是以政府强制权力和行政手段作为支撑、以政府非行政手段作为主导的。税费征收是以国家强制力作为保障的，税费征收政策的制定需充分尊重和顺应经济社会发展趋势，避免过度干扰，采用引导和调节手段纠正"市场失灵"，解决外部性问题。生态产品权属界定是"软环境"层面的制度建设，仍以政府行政手段作为保障，借助非行政手段规范和引导社会和市场主体行为。横向转移支付或生态补偿的行政色彩较浓，但实际上财政资金只占一部分，非行政手段及社会和市场主体的参与同样重要。例如，产业转移及合作园区建设、企业投资引导、劳务输出等手段也发挥了重要的作用。

（三）基于数据链的生态产品价值核算评估机制

实现公共产品类生态产品价值的前提是对其价值进行科学合理的评估，计量"绿水青山"生产能力，评估"绿水青山"价值，为其向"金山银山"转化创造基础条件。应尽快形成、制定和发布生态产品功能量和价值量核算的技术流程、指标体系与核算方法，为各级政府和专业部门推进生态产品价值核算提供标准、规范的方法。完善生态产品目录、价格评估标准及基础数据收集体系，准确核算生态系统提供的产品与服务的价值总和。对此，一是按照马克思劳动价值论的要求，以交换价值核算为基础，更好地反映生态产品生产供给中人与人之间的关系（李维明和俞敏等，2020 年）；二是针对产品的类型和客观条件采取不同的核算方法，主要有直接市场法、替代市场法、意愿调查法，直接市场法可信度最高，适用于产权清晰并可以直接交易的生态产品，由于公共产品类生态产品具有非排他性、非竞争性、外部性等多维特征，更适合采用替代市场法和意愿调查法（黄如良，2015 年）；三是建立科学合理的价值评估核算指标体系，应采取"多维支柱框架"形式，建立物质产品价值、调节服务价值及文化服务价值三大维度指标体系；四是准确评估生态产品的实物量、功能量和价值量，借鉴浙江丽水等地的探索经验，推动不同地区核算方法的统一化、标准化，协调整合分散在各部门、各单位的农林、气象、水利、环保等多源异构数据，建立和完善数据处理与分析模型（方敏，2020 年），构建生态产品质量认证体系，对标 FSC、MSC 水产品等国际先进认证标准，建立健全物质化生态产品的质量认证制度，推进"生态标识"认证；五是将生态产品价值核算纳入国民经济核算体系（王茹，2020 年）。在传统国民经济核算体系的基础上，如实地将一定时期内的自然资源生态产品增加量当作资本形成的一部分来看待。

（四）建立在价值核算基础上的财政资金分配及奖惩机制

财政转移支付或财政生态补偿在公共产品类生态产品价值实现中发挥关键的作用。建立在价值核算基础上的财政资金分配及奖惩机制是缓解生态补偿资金压力、提高资金使用效率，尤其是更好地发挥财政资金对推动公共产品类生态产品价值实现的引导作用和乘数效应的重要机制。

第一，建立健全生态产品价值核算或评估结果与转移支付资金分配挂钩的激励约束机制。重点生态功能区转移支付等一般性转移支付和大气、水、土壤污染防治资金等专项转移支付资金分配公式中应增加或加大生态产品价值核算结果的权重，基本实现生态产品价值越高、保护和供给难度越大，获得的转移支付资金越多；生态产品质量改善程度越大，获得的转移支付资金或奖励越多；生态产品质量下降程度越大，获得的转移支付资金越少或惩罚越严厉。

第二，采用竞争性评审和分配的中央生态环境保护转移支付预算资金，在评审环节和终期考核中应增加公共产品类生态产品价值核算结果的权重，在同等条件下优先支持生态产品价值提升程度大的项目，对于生态产品核算价值不升反降（特殊原因除外）的地区和项目，甚至可以考虑收回部分资金或者减少或取消下一轮转移支付资金对其的分配额度。

第三，探索、实践财政生态补偿与破坏生态环境相关产业发展程度之间的逆向关联机制，即在生态功能重要地区发展对生态环境有较大破坏作用的产业，并造成生态产品核算价值显著降低的，依据下降程度减少补偿资金规模。

第四，以公共产品类生态产品价值实现为重要抓手，完善反映供求和资源稀缺程度、体现生态价值和代际补偿的自然资源资产有偿使用制度，即针对公共产品类生态产品探索上级政府根据价值核算结果付费的生态产品有偿享用（转移支付）机制。

（五）基于数据链的资源环境税费（率）定价机制

资源环境税费征收是解决公共产品类生态产品供给外部性问题、改善生态产品质量的重要手段，牵扯主体多、涉及范围广、影响面积大，立足于公共产品类生态产品价值实现，科学合理的资源环境税费（率）定价机制需建立在海量的数据基础之上。

第一，增加资源使用成本、促进资源集约节约使用、补偿资源输出地财力是资源税征收的重要目的，我国资源税计征是以从价计征为主、从量计征为辅的，主要为地方税收入。资源税费（率）定价既要基于反映市场供求和资源稀缺程度的大数据分析，又要考虑资源开采、加工、运输给当地造成的资源环境破坏程度和修复难度，更要体现相关地区为保护和维护资源所付出的直接成本和间接成本，兼顾这些方面离不开对资源储藏、勘探、开采、加工、需求、使用等方面数据的综合利用。

第二，环境税费征收对公共产品类生态产品价值实现的推动作用更为明显，环境税费（率）定价更应纠正和惩罚环境污染和破坏行为，覆盖环境损害行为所带来的负外部性成本，补偿提升生态产品核算价值的生态环境保护行为及资金投入。

第三，资源环境税费优惠政策制定和实施同样也要基于大样本的数据分析，努力实现精准化。公共产品类生态产品价值应成为对应地区或企业等市场主体享受资源环境税费优惠政策的重要依据，根据生态环境保护或破坏行为实施差别政策。

第四，资源环境税费（率）定价应建立在资源勘探开采利用、环境污染破坏、资源环境保护等行为和市场的长期监测、分析和预测的基础上，加强对相关数据的收集、挖掘和利用，实现科学定价、动态优化调整，对有利于资源能源高效节约利用、生态环境保护和改善、生态产品高质量供给和价值提升的行为给予适当补偿。

（六）与准公共产品类生态产品价值实现之间的衔接机制

具有完全非排他性和非竞争性的公共产品类生态产品较少，并且非排他性和非竞争性可能会随着外界环境和技术条件的变化而改变，公共产品类生态产品与俱乐部产品类生态产品、公共资源类生态产品和私人产品类生态产品之间具有相互转化性，尤其是与前两类公共产品之间具有诸多共性特征，而且其他类生态产品价值实现很多时候建立在公共产品类生态产品的基础之上，因此实现公共产品类生态产品的价值需建立健全其与准公共产品类生态产品（俱乐部产品类生态产品、公共资源类生态产品）价值实现之间的衔接机制。

首先，生态补偿、资源环境税费征收等手段多是落到区域层面，在政策落实方面一般难以严格区分公共产品类生态产品、俱乐部产品类生态产品和公共资源类生态产品，因此应更好地发挥地方政府的积极性、主动性、能动性和信息组织优势，在中央和地方两个层面建立不同类型的公共产品类生态产品价值实现的衔接机制，兼顾不同类型生态产品价值的实现。

其次，公共产品类生态产品的非排他性、非竞争性和外部性为其他类生态产品的价值实现提供了支撑、保障或平台。例如，清新的空气、良好的水生态系统有助于处于其中的景区通过门票实现生态产品价值，其他类生态产品实现价值所产生的收益应给予公共产品类生态产品适当补偿，反哺其价值实现。

最后，公共产品类生态产品价值实现机制构建不仅应着眼于自身，还应放眼于其辐射外溢效应，生态补偿、税费调节、政府购买等手段应有利于其他类生态产品价值的实现，实现双赢或多赢局面。

四、路径与模式

公共产品类生态产品价值实现的路径与模式遵循公共产品生产和供给的基本思路，财政手段代表公众利益发挥主导作用，其中以中央政府纵向转移支付（生态补偿）为主、跨区域、跨河流横向转移支付（生态补偿）和帮扶为辅，资源环境税费调节能够解决公共产品类生态产品供给的外部性问题并有利于实现其价值，而政府购买是在政府主导下由私人生产和提供公共产品类生态产品的重要方式，也是直接实现公共产品类生态产品价值的重要手段。

公共产品类生态产品价值实现机制和模式如图 1-1 所示。

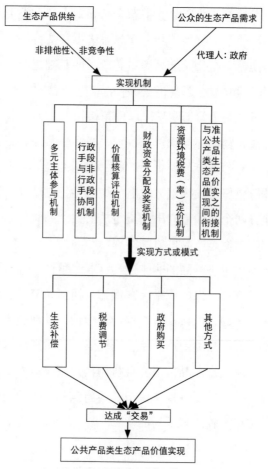

图 1-1 公共产品类生态产品价值实现机制和模式

（一）中央政府纵向转移支付（生态补偿）

由中央政府主导建立健全以生态保护成本为主要依据的转移支付（生态补偿）制度，包括进一步明确补偿主体、扩大补偿范围、加大补偿力度、完善补偿标准、加强跨地区跨部门合作和健全法治保障等（李维明和杨艳等，2020 年）。

第一，明确生态补偿的主体。明确的自然资源资产产权既可以充分保护各产权主体的利益，也可以合理地确定补偿主体和补偿对象。根据"谁破坏、谁恢复""谁污染、谁治理""谁受益、谁补偿"原则，生态补偿的主体和对象具有相对性，补偿主体应是生态环境保护的受益者，具体包括国家和集体、企业组织、公民和社会组织，主要由中央政府代表各主体以财政转移支付的方式实现，而补偿对象则为保护生态环境而提供某种生态服务的牺牲者。

第二，扩大生态补偿范围。实现重点要素、重点领域、重点环节和重点地区的全覆盖，提升国家层面转移支付（生态补偿）与公共产品类生态产品的系统性、广域性的对应性，并积极引导和鼓励不同地区之间、流域之间横向生态补偿，打通阻碍生态补偿应用推广的堵点和难点。

第三，加大生态补偿力度。建立与财政能力相匹配、与推进基本公共服务均等化相衔接的生态补偿标准。稳定财政投入机制，丰富生态补偿资金的来源渠道、筹集方式和支持主体。形成以财政转移支付为主体，生态环境税、资源税费和生态保证金等为补充的多维度生态补偿资金体系。同时，通过绿色债券、生态彩票、生态基金等市场化融资模式拓宽生态补偿的方式和资金来源。

第四，科学制定补偿标准。以生态环境保护或破坏行为的外部性内部化为基本原则，通过优化转移支付系数、实施差异化补偿、引入生态保护红线覆盖比例因素、加强生态补偿标准测度和修订、因地制宜细化操作指引等方式构建完善的生态补偿标准体系。

（二）跨区域、跨流域横向转移支付（生态补偿）和帮扶

横向转移支付（生态补偿）涉及流域上下游之间或不同流域之间、生态产品受益区与保护区之间、资源产品消费区与产区之间等众多维度，横向转移支付、生态补偿和对口帮扶是构建实现生态产品价值的生态补偿制度的关键路径。横向转移支付有利于弥补纵向转移支付资金不足、覆盖范围有限及由信息不对称导致的低效率（郑雪梅，2017 年）。

首先，对于针对公共产品类生态产品价值实现而实施的跨区域跨流域、横向转移支付和帮扶，其所具有的非排他性、非竞争性和强烈的正外部性意味着这些横向机制离不开中央政府的参与甚至主导。对此，可考虑由国家相关部门如财政部、生态环境部、林业局、自然资源部等突破行政辖区限制牵头促成跨地区生态补偿合作。建立区域（或流域）生态补偿基金，由区域（或流域）内补偿方和受偿方财政划拨资金及中央财政转移支付资金组成，纳入基金预算管理，资金拨付和分配严格基于

生态环境检测或生态产品价值评估核算结果，由中央政府监督使用。

其次，加强相关方协商，通过资金补偿、产业转移、异地开发、技术援助、劳务输出、对口协作、共建园区等多种形式，创新补偿方式，调动各地方各层面供给优质生态产品的积极性。

最后，对于公共产品类生态产品价值实现来说，更需要创新补偿模式，建立纵横向相结合的转移支付或生态补偿制度。例如，由中央政府牵头设立生态环境保护合作专项或基金，各地联合申请并提供配套资金，出资比例基于生态环境保护成本与受益关系。

（三）资源环境税费调节

第一，进一步扩大资源税费征收范围，并将所得收入用于生态产品保护和供给的投入和补偿。遵循有利于资源合理开采和节约使用原则，将水资源、森林、草原、海洋、滩涂、地热及其他非再生、稀缺性资源纳入征税范围。适当提高税率，税率设置必须满足税收大于或等于恢复和治理成本要求要求。延伸资源税征收环节，对利用资源时造成环境的污染破坏行为征税，减少资源产品开发过程中产生的负外部性。完善资源收费基金、权益金和资源有偿使用收入征收管理办法，建立以市场供求关系为基础、体现资源稀缺程度、与生态环境破坏成本或保护修复效益挂钩的资源价格形成机制（李维明和杨艳等，2020年）。依托资源税费政策加大对生态环境保护和补偿的投入力度，尤其是引导地方政府将资源税费收入更多用于本地区生态产品的保护和供给。

第二，考虑矿区生态环境指标、宜居状况等因素，适度实行差别税率。根据开采区生态条件和环境承载能力设置差异化税率，调整生态补偿费征收标准，考虑资源稀缺性、污染严重性、区位辐射性、影响关联性等，实行科学化、差别化征收。

第三，完善环境税费体系。环境税费设计应坚持破坏者付费的原则，税目设置应实现对环境破坏行为的全覆盖，税率应设为多档且累进，最低档税率的设定以环境治理成本为基础。计税要以排污量、浓度及所带来的生态产品核算价值的减少额作为税基，加大环境税费收入对生态修复和治理的投入力度。完善生态环境损害赔偿制度，对损害生态环境的行为，至少以损害程度、修复成本、外部性等因素依法从严确定赔偿标准（陈清和张文明，2020 年）。

第四，消费税中成品油等部分税目，城市维护建设税、耕地占用税、车船使用税等税种，以及增值税、企业所得税中的税收优惠相关政策，也都具有一定程度的绿色性，对于强制公共产品类生态产品的生态受益者、使用者和破坏者付费以矫正"免费搭便车"现象是不可或缺的（卢洪友等，2014 年）。

（四）政府购买

私人生产、政府购买是公共产品类生态产品供给的重要方式，也是公共产品类生态产品供给和价值实现的重要路径与模式，有利于加快政府生态管理职能转变，引导社会资本和市场力量参与，提高公共产品类生态产品供给能力。

一是政府直接购买某些生态产品的所有权或使用权，如政府通过赎买、置换等方式将重点生态功能区内禁止采伐的商品林调整为具有公共产品性质的生态公益林，在补偿供给者利益损失的同时实现林地生态产品价值（李维明和俞敏等，2020 年）。政府通过这种合同购买形式与私人企业合作来生产公共产品类生态产品，不仅有益于改善我国生态环境状况，满足人们对生态产品的需求，还在购买过程中通过价格杠杆实现了生态产品的价值。

二是政府可在生态脆弱区、被人类活动干扰或破坏的生态系统中，通过合同外包等形式出资实施生态修复重大工程，政府负责出资和发挥监督作用，接受政府购买付费的企业生产或提供生态产品，实现公共产品类生态产品持续稳定供给。

三是基于生态产品价值核算评估结果提高政府购买的精准性、有效性。例如，丽水市景宁县率先设立政府购买生态产品专项财政资金，推行生态产品价值和购买费用挂钩机制，颁布实施了《生态产品价值实现专项资金管理办法》，以生态产品价值核算结果作为政府向村集体和个人购买生态增量的重要依据。景宁县大均乡 2018 年 GEP 核算结果较 2017 年同比增长了 5.64%，获得了景宁县政府生态增量付费专项资金 188 万元，成为全国首个将水、空气等生态产品价值进行"变现"的乡镇，不断激发生态产品交易的新活力（雷金松，2021 年）。

四是推行生态产品的政府采购激励制度，建立中央和省市层面专项财政资金，规定政府机构优先或强制采购绿色生态产品，探索建立政府间生态产品采购交易机制，直接或间接实现公共产品类生态产品价值。

五、对策建议

公共产品类生态产品涉及民生福祉，其重要性又因非排他性和非竞争性而容易被人忽视，因此需加强对其价值的宣传和认识，并引入社会资本力量、构建大数据系统、完善产权制度建设、强化价值实现的主体支撑和配套支持。完善激励约束机制，将生态补偿财政资金分配建立在生态产品价值总量和增量的基础之上，并加大税费调节力度以增加生态产品消费成本，直接或间接实现生态产品的价值。

（一）强化对公共产品类生态产品价值的重要性的认识

公共产品类生态产品具有非排他性和非竞争性，所以相对于其他生态产品来说，稀缺性不明显，其重要性更容易被人们所忽视。对此，一是加强宣传推介和舆论引导，宣传、推广公共产品类生态产品对生态系统稳定性、可持续性和个人身心健康的重要作用，践行"绿水青山就是金山银山"理念，凸显优质的公共产品类生态产品对于民众增收致富、企业产品价值提升的巨大红利效应；二是加强警示教育和提醒，通过生态环境系统易损害、难修复等案例宣传，推动社会各界形成对公共产品类生态产品稀缺性的认识；三是优化传统消费观念，加大培育消费者绿色消费理念的力度，倡导"消费绿色先行"，进而通过使人们认识到公共产品类生态产品对绿色消费产品生产和供给的重要作用而感受其价值；四是通过解决公共产品类生态产品外部性问题提高对其重要性的认识。例如，通过明确和维护公共产品类生态产品的产权使人们认识到其存在性、稀缺性和归属性，通过向社会公开保护和供给公共产品类生态产品的支出或成本深化对其非免费性和重要性的认识，严格贯彻落实从政府、企业到个人等主体的生态环境损害赔偿机制，形成不可对公共产品类生态产品随意破坏的广泛社会共识。

（二）加强对政府和社会资本合作模式的探索实践

市场机制和社会资本可以参与公共产品类生态产品的生产和供给已经成为普遍共识，而借助市场力量，政府和社会资本合作推进公共产品类生态产品价值实现同样大有可为。基于公共产品类生态产品市场供给的实践经验，政府供给或引导市场生产的公共产品类生态产品价值实现可采取政府特许经营、政府购买或财政贴息等方式。其中，政府特许经营权限或范围应适度并将其作为生态产品供给或维护的对价，政府购买、财政贴息等手段需限定于公共产品类生态产品的生产、供给或对其的补偿。以区域内实行特许经营机制的国家公园为例，保护生态系统的完整性、原真性仍是其设立的核心目标，属于公共产品类生态产品范畴。这种类型的国家公园通过特许经营等方式允许企业或居民在一定范围内开展商业经营活动，特许经营方的收入及向国家缴纳的收入可视为国家公园这一公共产品类生态产品价值的实现（李维明和俞敏等，2020 年）。欧美等发达国家已大范围推行该模式。作为我国首个国家公园体制试点的三江源国家公园，2016 年成立之初就已开始探索适度特许经营等方式进行商业开发。按照《建立国家公园体制总体方案》要求，开展特许经营管理是国家公园设立后组建的统一管理机构需要履行的职责，说明这一模式在公共产品类生态产品价值实现中值得广泛探索实践。

（三）政府主导构建公共产品类生态产品价值及其实现的大数据系统

大数据系统是公共产品类生态产品价值核算的基础，也是制定相关政策促进生态产品价值实现的重要依据。

一方面，政府应加强公共产品类生态产品价值核算数据及结果共享，加快编制国家和区域生态资源资产负债表：立足于各地生态产品价值核算方法、数据和核算结果，协调整合分布在各地区、各部门、各层面和各行业、各领域数据，构建国家层面的公共产品类生态产品价值数据系统；盘点城市和区域生态产品清单，摸清自然资源资产"家底"，为生态产品价值实现提供基础数据支撑，加快促进自然生态资源核算由实物向价值的过渡。

另一方面，政府应建立生态产品供给及价值实现的多主体生态信用"评价－奖惩"机制：建立公共产品类生态产品价值及其实现过程中所涉及主体的生态信用档案、正负面清单，建立健全对不同主体的综合信用评价机制；全面构建财政资金分配、资源环境税费征缴、保险信贷资金配置、行政审批、公共服务供给等与生态信用状况挂钩联动的奖惩和约束机制。

（四）依托自然资源资产产权制度，建设完善生态产权制度体系

清晰、明确的产权是解决公共产品外部性问题及供给不足问题，实现公共产品类生态产品价值的前提和基础，应以建立健全自然资源资产产权制度为契机，加快建立包括公共产品类生态产品在内的生态产权制度体系。

一是建立健全生态产品确权机制，加快建立生态产权数据和制度体系。包括生态产品在内的自然资源资产分类、检测与调查标准等应实现统一规范，做到自然资源资产统计监测中分类标准、监测评价制度和监测调查时间的"三个统一"，避免重复统计、交叉统计、统计遗漏，建立生态产品产权数据库，科学划定各类自然资源产权的使用权以及所有权边界，为进一步开展市场交易奠定基础（孙博文和彭绪庶，2021 年）。

二是明晰生态产品的所有权及其行使主体，规范生态资源资产使用权，保障生态资源资产收益权，激活生态资源资产转让权，理顺生态资源资产监管权，完善生态产品资产权能，明确"归谁有""归谁管""归谁用"，建立归属清晰、权责明确、监管有效的生态资源资产产权制度。

三是探索实践有利于生态保护治理修复的产权激励机制。基于明晰产权、丰富权能，以市场配置、完善规则为重点，推动自然资源和生态产品有偿使用或享用制度改革，加快解决自然资源或其附属产品价格偏低、生态修复治理成本高于治理收益、生态产品保护和供给行为得不到合理回报等问题。

四是加快推进自然环境生态空间确权登记。推进国家公园等各类自然保护地、重点国有林区、湿地、草原、大江大河等重要生态空间确权登记工作，探索自然生态空间环境权、发展权、管理权登记形式，以点带面，加快解决自然生态空间环境确权登记中的重难点问题（李维明和杨艳等，2020 年）。

（五）建立健全与生态产品价值增量或保护水平相匹配的生态补偿资金分配机制

公共产品类生态产品价值实现主要采取非市场化手段，在政府财力有限、相关参与主体重视程度和积极性不一、监督考核机制不健全的背景下如何加快价值实现进程，建立在生态产品价值增量或保护水平基础上的生态补偿资金分配机制是关键。对此，中央生态补偿资金可采取基于生态产品保护程度或价值增量的竞争性分配、按进度拨付、按增减量奖惩的实施方案，提高财政资金的激励效应、引导和监督功能。地方政府流域下游对上游、生态受益区对保护区的横向生态补偿资金分配方案同样基于河流断面水质考核结果、生态产品价值核算量增减等指标严格实施。

（六）加大税费调节力度、适当增加生态产品消费成本

收益无法覆盖成本是公共产品类生态产品供给不足的根本原因，而加大税费调节力度、增加生态产品消费成本是有利于解决公共产品类生态产品供给的外部性问题并实现价值的重要手段。前文资源环境税费调节部分所提到的大部分举措要么是增加资源使用成本，要么是增加生态环境损害成本，本质上均是增加生态产品消费成本。

一方面，水、森林、草原、海洋等众多资源是公共产品类生态产品的重要内容或产出，对其征收税费是价值的直接实现。公共产品类生态产品具有生态环境净化功能，征收生态环保税费是对其环境净化功能支付对价，一定程度上也是价值的直接实现。

另一方面，资源环境税费收入绝大部分为地方收入，其中很大一部分用于本地区生态环境保护和修复，是对公共产品类生态产品价值的间接实现并形成良性循环。基于我国税费制结构，不仅应优化资源税费、环境保护税费体系，而且对于消费税、耕地占用税等直接具有资源环境税费性质的税费以及增值税、所得税等间接具有某些资源环境税费调节功能的税费也应发挥其功能，在此基础上构建有利于适当增加公共产品类生态产品消费成本、直接或间接实现其价值的资源环境税费调节体系。

参考文献

[1] COASE R H. The Problem of Social Cost[J]. Journal of Law and Economics，1960（3）: 1-44.

[2] 陈清，张文明. 生态产品价值实现路径与对策研究 [J]. 宏观经济研究，2020（12）: 133-141.

[3] 陈雅如，刘阳，张多，等. 国家公园特许经营制度在生态产品价值实现路径中的探索与实践 [J]. 环境保护，2019，47（21）: 57-60.

[4] 方敏. 生态产品价值实现的浙江模式和经验 [J]. 环境保护，2020，48（14）: 25-27.

[5] 高晓龙，程会强，郑华，等. 生态产品价值实现的政策工具探究 [J]. 生态学报，2019，39（23）: 8746-8754.

[6] 高晓龙，林亦晴，徐卫华，等. 生态产品价值实现研究进展 [J]. 生态学报，2020，40（1）: 24-33.

[7] 郭韦杉，李国平. 欠发达地区实现共同富裕的主抓手: 生态产品价值实现机制 [J]. 上海经济研究，2022（2）: 76-84.

[8] 黄如良. 生态产品价值评估问题探讨 [J]. 中国人口·资源与环境，2015，25（3）: 26-33.

[9] 雷金松. 生态产品价值实现的丽水创新 [J]. 中国生态文明，2021（1）: 71-74.

[10] 李宏伟，薄凡，崔莉. 生态产品价值实现机制的理论创新与实践探索 [J]. 治理研究，2020，36（4）: 34-42.

[11] 李维明，杨艳，谷树忠，等. 关于加快我国生态产品价值实现的建议 [J]. 发展研究，2020（3）: 60-65.

[12] 李维明，俞敏，谷树忠，等. 关于构建我国生态产品价值实现路径和机制的总体构想 [J]. 发展研究，2020（3）: 66-71.

[13] 李忠. 长江经济带生态产品价值实现路径研究 [J]. 宏观经济研究，2020（1）: 124-128，163.

[14] 廖茂林，潘家华，孙博文. 生态产品的内涵辨析及价值实现路径 [J]. 经济体制改革，2021（1）: 12-18.

[15] 刘伯恩．生态产品价值实现机制的内涵、分类与制度框架 [J]. 环境保护，2020，48（13）: 49-52.
[16] 刘江宜，牟德刚．生态产品价值及实现机制研究进展 [J]. 生态经济，2020，36（10）: 207-212.
[17] 卢洪友，杜亦譞，祁毓．生态补偿的财政政策研究 [J]. 环境保护，2014，42（5）: 23-26.
[18] 丘水林，靳乐山．生态产品价值实现：理论基础、基本逻辑与主要模式 [J]. 农业经济，2021（4）: 106-108.
[19] 丘水林，庞洁，靳乐山．自然资源生态产品价值实现机制：一个机制复合体的分析框架 [J]. 中国土地科学，2021，35（1）: 10-17，25.
[20] 萨缪尔森，诺德豪斯．经济学 [M]. 北京：华夏出版社，1999.
[21] 孙博文，彭绪庶．生态产品价值实现模式、关键问题及制度保障体系 [J]. 生态经济，2021，37（6）: 13-19.
[22] 王斌．生态产品价值实现的理论基础与一般途径 [J]. 太平洋学报，2019，27（10）: 78-91.
[23] 王茹．基于生态产品价值理论的“两山”转化机制研究 [J]. 学术交流，2020（7）: 112-120.
[24] 王夏晖，朱媛媛，文一惠，等．生态产品价值实现的基本模式与创新路径 [J]. 环境保护，2020，48（14）: 14-17.
[25] 向昀，任健．西方经济学界外部性理论研究介评 [J]. 经济评论，2002，(3): 58-62.
[26] 俞敏，李维明，高世楫，等．生态产品及其价值实现的理论探析 [J]. 发展研究，2020（2）: 47-56.
[27] 虞慧怡，张林波，李岱青，等．生态产品价值实现的国内外实践经验与启示 [J]. 环境科学研究，2020，33（3）: 685-690.
[28] 臧振华，徐卫华，欧阳志云．国家公园体制试点区生态产品价值实现探索 [J]. 生物多样性，2021，29（3）: 275-277.
[29] 张林波，虞慧怡，李岱青，等．生态产品内涵与其价值实现途径 [J]. 农业机械学报，2019，50（6）: 173-183.
[30] 郑雪梅．生态补偿横向转移支付制度探讨 [J]. 地方财政研究，2017（8）: 40-47.

专论二

公共资源类生态产品价值实现研究

摘　要

公共资源类生态产品是具有非排他性、竞争性的生态产品，无法排除资源使用的潜在受益者，随着消费者数量的增加，其边际成本递增，个人理性造成集体非理性，往往会导致对该类生态产品的过度使用，产生"公地悲剧"。公共资源类生态产品价值实现主要建立在科斯定理和产权理论的基础之上，在产权明确界定的情况下，资源配置的经济效率能够实现帕累托最优。但是，对于生态产品而言效率并不意味着一切，公共价值也是重要的衡量标准。公共资源类生态产品价值实现的早期经验来自美国清洁空气激励市场计划，随着人们对全球气候变化的日益关注，欧盟国家将政策实践重心转向碳排放权交易，我国和韩国也紧随其后，成为东亚最主要的实践国家。公共资源类生态产品的价值实现机制包括多要素的市场投入、多元化的参与主体、多方面的行为激励和多形式的效益产出，路径与模式包括合理的排放总量限额、公平有效的配额分配、完善的市场交易机制、灵活的市场调节机制、严格的政府监管与核查及严厉的违法行为处罚。加快公共资源类生态产品价值实现，需完善生态产品权益交易法律体系，推进生态产品权益交易市场金融化，强化生态产品消费的监管核查，优化生态产品总量设定与配额分配，推动生态产品权益交易信息化建设。

一、基础性分析

公共资源类生态产品具有非排他性、竞争性的特征，随着消费者数量的增加，边际成本递增，个人理性造成集体非理性，将产生"公地悲剧"。公共资源类生态产品价值实现主要建立在科斯定理和产权理论的基础之上，资源的帕累托最优配置能体现其经济价值，而公共价值也同样重要，价值实现要兼顾公平与效率。

（一）公共资源类生态产品的概念

公共物品存在"拥挤点"。在消费者数量达到拥挤点之前，同时具有消费的非排他性和非竞争性特征的物品是公共物品；在消费者数量达到拥挤点之后，只具有非排他性和非竞争性特征之一的物品是准公共物品。其中，公共资源为具有竞争性和非排他性特征的准公共物品。例如，在拥挤的公路上，当车辆达到一定数量时，继续增加车辆会造成交通堵塞，而且发生交通事故的风险增加。图 2-1 为公共物品的拥挤点与边际成本曲线，其中 N 为拥挤点。在消费者数量增加到 N

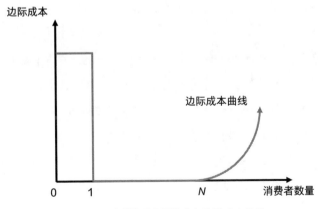

图 2-1　公共物品的拥挤点与边际成本曲线

之前，每增加一个消费者的边际成本是零；达到 N 之后，每增加一个消费者的边际成本为正数，并逐渐增加，产生拥挤成本；当达到最大限值时，增加额外消费者的边际成本趋于无穷大。公共物品达到拥挤点后，每增加一个消费者，都将减少原有的消费者的效用，变成公共资源。

公共资源类生态产品是具有竞争性，但不具有排他性的一种生态产品，如公共渔场、公共牧场等。当前大多数生态产品都具有公共资源的特征，表现出了明显的地域性，是一种分布范围比较广、种类多样化的生态产品，如海洋渔业等生态产品。具有公共资源特征的生态产品消费并不具备排他性，导致非常容易产生供给不够充足及消费过度的情况，没有办法保证供给的有效性，所以其供给与消费方面的问题不仅是经济学及政治学研究的热点问题，还是重点和难点问题。

专栏 2-1　公地悲剧

1968 年，美国学者加勒特·哈丁（Garrett Hardin）首先提出了"公地悲剧"理论模型。他认为，对于理性人，所有的牧羊者都想让自身的利益最大化。然而对于公共草地，如果羊的数量变多则只会导致以下两种情况：一是收入增加；二是整个草地需要承担的压力增加，草地会被过度使用。如果每个人都从自己的私利出发，则会不顾草地的承受能力而增加羊群数量，因为自己可以获得更多的收益，但是草场退化的代价却由大家负担。看到有利可图，许多牧羊者也纷纷加入这一行列，导致草场持续退化，直至无法养羊，最终所有牧民破产，"公地悲剧"就发生了。

从本质上来讲，公地作为一种公共资源类生态产品，具有非排他性和竞争性，每个人都有使用权并且没有办法阻碍其他人使用，最终会造成对资源的过度使用。例如，森林的过度开采、渔业的过度捕捞及严重的空气和河流污染，都属于"公地悲剧"。之所以被称作"悲剧"，是因为每个当事人都知道资源将由于过度使用而枯竭，但是无法阻止事态继续恶化。这是因为每个个体都只关注短期的个人利益，最终个人理性导致集体非理性，无法自发形成有效的协调合作。

专栏 2-2　囚徒困境

所谓的囚徒困境主要指的是以下情景。两名嫌疑人被看押。当地的法官认为他们具有某种罪行，然而并没有足够多的证据。如果这两名嫌疑人都不认罪，则检察官只能以小的罪名来提起诉讼，这两名嫌疑人最终所获得的处罚会比较轻；假如这两名嫌疑人最终都承认了自己的罪行，这两名嫌疑人都会被起诉，检察官并不会给他们最严厉的处罚；但是如果只有一人承认了罪行，则承认的那个人会获得宽大处理，而对没有承认的那个人的处罚则会加重。囚徒困境的纳什均衡策略是两名嫌疑人都选择承认罪行。囚徒困境的博弈收益矩阵如表 2-1 所示。

表 2-1　囚徒困境的博弈收益矩阵

	甲不认罪	甲认罪
乙不认罪	甲和乙各被判处 3 年	甲被判处 1 年，乙被判处 10 年
乙认罪	甲被判处 10 年，乙被判处 1 年	甲和乙各被判处 5 年

公共资源类生态产品在生产过程中，生产者因为没有办法知晓其他人的最终选择结果，只能选择让自身的利益最大化，背叛其他人的决策，最大限度地降低对生态产品的供给，让自己的收益获得提升，这最终会导致公共资源配置并未达到帕累托最优。这其中所展现的个人理性与集体理性之间的矛盾与冲突的结果是个人理性会一定程度地造成集体非理性，出现悖论。

专栏 2-3　集体行动

传统集体理论提出，人们只要拥有相同的利益，就会向着相同的利益共同前进。西方的学者奥尔森曾经在《集体行动的逻辑》这本书中给出了一些不同的观点，认为个人理性并不是集体理性的充分条件，最根本的原因在于在达成集体目标的过程中经常会出现"搭便车"的情况。"从本质上来说，只有在集体人数不多的情况下，以及采用强制性的方式，才能让集体之中的所有人为共同利益行动，寻求自我利益的个人并不会采取一些行为实现公共利益。"换句话说，对公共资源类生态产品的消费，假如没有明确的制度进行限制和约束，那么理性人会自发地选择"搭便车"，理性人并不愿意为实现公共利益及公共资源类生态产品的持续发展作出实际的行动。

上述的 3 个理论是紧密相关的，主要展示了下述问题：第一，对于公共资源类生态产品，因为其消费有着一定的非排他性，所以对个人利益的思考会导致出现消费过度及供给失衡；第二，从公共资源类生态产品的管理层面上看，如果只依靠个人的理性来生成集体行动，则没有办法有效处理生态产品供给的可持续性问题，也没有办法实现帕累托最优；第三，对于公共资源类生态产品的管理者——政府，要想让资源配置效率达到最佳，则需要使用一些合理的政策措施对公共资源类生态产品消费者的行为进行有效的限制，同时还应当创建与政策措施相匹配的市场，通过行政命令和市场调节消除"公地悲剧"。

（二）公共资源类生态产品的特征

公共资源类生态产品的特征主要体现在以下方面。

1. 非排他性

这里所说的非排他性主要是指，在技术层面，不能拒绝个人及组织并将其限制在公共资源类生态产品的消费外。而对公共资源类生态产品的供给，不可以因为某个人或厂商拒绝支付而停止，所有人都不能使用拒绝的方式将自己不感兴趣的公共服务及产品排除。在日常的实践过程中，物品不具有排他性主要有以下两种情况，一是物品自身性质导致无法排他，二是排他成本比较高。

2. 竞争性

竞争性指的是公共资源类生态产品的总量是有限的，假如消费程度超过了公共资源类生态产品能够承受的范围，则会导致消费者之间产生激烈的竞争，每增加一个消费者，该消费者使用生态产品的效用就会对其他消费者使用该生态产品造成影响。而对于具有非排他性的公共产品类生态产品，为了避免因过度消费而资源枯竭，可以合理地使用政府规制的方式对具有非竞争性特征的物品的使用进行限制，使公共产品类生态产品转变为具有竞争性的公共资源类生态产品。

3. 外部性

外部性是西方的学者马歇尔率先提出的，在此之后，学者庇古及科斯主要从边际成本和边际效益及产权交易的层面来对外部性展开分析。"所谓的外部性指的是不利用价格直接对经济利益及环境产生影响，对自己的行为后果进行转移，自己并不会承担所有的后果。"结合外部性影响的综合效果，外部性可以分为外部经济和外部不经济两类。外部经济主要是指某些人的生产能够让其他人获得好处但是没有办法从其他人处获取利益的情况。例如，私人性的花园中的美丽景色能够给其他人带来视觉上的享受，但是这些人并不需要支付费用。外部不经济指的是某些人的消费行为让其他人的利益受到损害，但是并没有对其他人进行补偿的情况。例如，生活中邻居的电视机音量开得比较大，对其他人的休息产生了不利影响。导致公共资源类生态产品出现外部性的主要因素如下：首先，公共资源在使用方面具有明显的非排他性；其次，公共资源在实际的使用过程中具有一定的不可分割性；最后，公共资源存在信息不对称性的影响，主要是指公共资源的使用者在特定时间之内并不了解自己使用公共资源会产生的社会成本，或者就算知道但是也没有具体的价格来告知使用者。

4. 产权界定的复杂性

公共资源类生态产品是一种明显具有公共性的物品，没有办法精准界定"人们是怎样获得收益的"及"人们是怎样遭受损失的"产权相关问题，这导致制度功能无法充分发挥，甚至造成个体出现短视行为，进而使公共资源类生态产品出现被随意使用的现象。对于我们国家来说，公共资源产权界定非常复杂，主要体现在以下方面：首先，在体制转轨的过程中，很多公共资源在产权方面并没有明晰的界定；其次，在整个市场化改革的进程中，不同区域的公共资源有些被看成私有产权，也有些被看成公共产权，具有非常多的种类；最后，伴随城市化进程的不断深入，有许多的公共资源并没有明确其产权性质。

5. 拥挤效应和溢出效应

拥挤效应是指随着人口经济规模的迅速提升，对公共资源类生态产品的使用数量明显增加，这将导致生态产品变得比较拥挤，所以后来者会支出更多的拥挤成本。因为存在拥挤效应，很多公共物品出现竞争性及稀缺性，即使过去并不被当成公共资源的生态产品也会慢慢转变为公共资源类生态产品。溢出效应主要是指公共资源类生态产品的受益范围明显大于行政区域的范围，向区域外部进行扩张的现象。

6. 稀缺性

随着生活质量的提升，人们对生态环境方面有了更高的要求，但是自然生态系统供应生态产品的能力具有局限性。所以，公共资源类生态产品具有明显的稀缺性，同时人类的社会经济活动进一步导致公共资源类生态产品稀缺。生态产品的稀缺性可进一步分为生态产品的绝对稀缺和生态产品的相对稀缺。生态产品的绝对稀缺是指生态产品的供给量小于整体需求量；生态产品的相对稀缺主要是指生态产品的供给量能够满足整体需求量，但是因为分布得不够均匀造成局部区域内的生态产品出现供大于求及供不应求。生态产品没有办法满足所有人的欲望，所以在有限制的资源的前提条件下，应合理使用市场机制对公共资源类生态产品进行有效配置，合理使用具有限制的生态产品来满足人们的需求。

（三）公共资源类生态产品的价值理论

效率是决定公共资源类生态产品配置的重要影响因素。想要提升效率首先需要减少单位成本。本质上，只要拥有两个以上的行为主体，在分工协作的过程中就会出现成本问题。所以资源在多个主体之间的流动并不是没有损耗的，这个损耗被研究者科斯称为"交易成本"。西方的学者科斯曾经在《企业的性质》中把市场与企业看作不同种类但是能够相互替换的一种交易制度。企业出现的主要原因在于市场的价格机制是有成本的，政府可以使用行政命令进一步让交易实现内部化，从而尽可能地减少在获得市场信息及签订契约方面的成本。

1960年，科斯在《社会成本问题》中使用案例分析方法探讨了该怎样利用企业的内部化来处理企业的外部性问题，这些方法被后人称作"科斯定理"（见表2-2）。

表2-2　科斯定理

定　理	具　体　内　容
1	如果不存在交易成本，则足够清晰的产权界定会实现帕累托最优
2	不同种类的产权分配方式并不会对资源的配置产生影响，所有的产权分配最终都会处于帕累托最优状态
3	如果交易成本大于0，则可以通过政府挑选最佳的初始产权设置，这有一定的概率在原本的基础上获得一定的福利优化；同时这种优化能够好于其他初始权利设置下所达成的优化

前两个科斯定理主要被创建在产权已明确界定的前提条件下，而且不存在任何的交易成本，定理3被称作市场定理，是对定理1、定理2的进一步扩展和延伸。科斯所提出的产权理论给企业解决外部性问题提供了一种思路：只要能够确保产权足够清晰，市场机制就能够有效地指引经济高效率运转。

效率和成本并不代表所有，就算没有交易成本，资源配置也达到了最佳状态，然而配置的最终结果不一定符合预期目标。目标的排序也会对公共资源类生态产品配置产生影响，公共资源类生态产品是否拥有普惠性也是目标排序的重要参考标准，所以优化公共资源类生态产品的配置工作必须要能实现一定的公共价值。

要想实现公共价值，关键在于对不同种类的价值目标展开有效排序。价值排序要素理论主要包含以下两个方面。一是公共价值较为复杂。公共价值覆盖面非常多元化，概念模糊，并不具备具体的实践意义，所以对公共价值的概念进行深度的细分及评价非常重要。二是公共资源具有一定的稀缺性。公共资源的稀缺性导致各个价值种类无法得到没有差别的资源配置。这也造成了资源的投放需要具有较强的倾向性，而且会存在对各种价值的对比，对比的结果也会对公共资源的投放造成影响。

（四）公共资源类生态产品的价值形成机制

在公共物品理论中，自然界中的水、空气被看成一种公共产品，拥有非排他性和非竞争性。在人口和经济高速增长的背景下，环境污染越来越严重，人们意识到随着时间的推移免费使用的空气和水资源如今逐渐演变成了稀缺资源。人们在对这些资源使用的实际过程中需要遵循一定的规则，这种规则就是产权。研究者科斯把这些生产要素当成一种权利，对于外部性来说同样也可以看成生产要素。同时将某些外部性问题转变成产权问题，之后使用产权设置来对外部性问题进行处理。市场经济的核心在于交换，商品交易的本质是产权的交易，具有可交易性是产权进行界定的基础。结合科斯定理的相关内容，如果生态产品的产权是足够清晰的，那么能够将其进一步转换为公共资源，利用直接市场交易达成供给目标。市场交易属于一种利用外部性实现内部化的重要方式，它是利用创建市场、让产权更加清晰实现内部化的。伴随市场经济的逐渐完备，有很多非市场价值进一步转变为市场价值，比如企业的排污权及碳排放权等都能够在市场上进行交易。

公共资源类生态产品的消费因为不具有排他性最容易产生"公地悲剧"。该类生态产品可通过产权配置的方式获得高效配置，同时实现其价值。所谓的产权配置主要是指明晰公共资源产权，要能够将森林和池塘等公共资源的产权进行合理的分配。生态许可交易主要是指对某些常见的公共资源类生态产品展开合理配置，让生态产品的价值得到实现的方法。生态许可交易需要设置明确的生态红线，在确保生态产品供给充分的前提条件下将一些比较复杂的公共资源交易转变成比较清晰的产权交易，如企业的碳排放权交易等。利用生态许可交易能够把那些没有办法交易的清洁空气使用排放许可进一步转化为能够交易的排污权，使用市场化的方式确保生态产品获得充分供给，从而创造宜居的自然环境。

公共资源类生态产品所具有的市场价值主要是通过生态资源的产权价格进行展现的，如果生态资源产权结构不科学，则会导致生态产品的价格没有办法合理地展现其稀缺性，甚至会导致市场价格和价值产生偏离。科学的产权结构是持续优化的结果，刚加入市场的稀缺资源的初始产权结构通常是不科学的，这会导致资源的市场价格和实际价值之间产生偏离。并且产权拥有可交易性，这意味着人们一旦觉得交易对自己没有益处，就会选择终止交易，从而达成博弈均衡。而产权交易指的是人们在市场中对多种类型的产权结构进行挑选的过程，同时也是生态资源市场价格不断变化的过程。因为产权交易具有自由竞争的基本原则，所以能够保证利用多次交易和博弈挑选的产权合约具有较强的竞争力，确保其市场价格更加科学，并和其实际的价值保持高度一致。生态资源定价的最佳方式就是使用产权交易，利用产权合约展开自由挑选。利用产权交易才能够更好地在多次博弈过程中作出科学的决策，才能更加有效地应对市场的不确定性，对产权合约展开持续的纠正，让整个市场的价格得到优化和调整。价格机制能够让资源实现有效配置的核心在于产权主体具有对不同种类的产权合约的自由挑选权利，这样才能够让生态资源价格在持续的选择中获得纠正，在多次的产权交易过程中展现其应有的价值。因此，产权交易属于修正生态资源市场价格和实际价值之间偏离的重要方式。

当前，我国实施的水权交易就采用了这种产权配置方式，利用用水确权提高了用水者高效利用水资源的积极性，扩大了水资源生态产品的经济效率。当前的价值实现路径，能够较好地适应资源的流动性不佳的情况。如果生态产品能够使用市场完成交换，那么市场化的交易属于生态产品价值实现的有效方式。如果生态产品的交易是充分竞争，那么这种生态产品的价格主要由供给和需求双方的主体确定。

二、国际实践经验

以市场交易为基础的公共资源类生态产品价值实现的早期经验来自美国联邦政府对局部地区空气污染的关注，随后出现了区域清洁空气激励市场计划。随着人们对全球气候变化威胁的日益关注，公共资源类生态产品价值实现的政策实践重心已从美国二氧化碳排放转向区域温室气体排放，欧盟和韩国的碳排放权交易最具有代表性。

二氧化碳等温室气体是均匀混合吸收性污染物，对生态环境的影响只与排放量有关，不存在地区、国界的差异，世界任何一处的温室气体减排对减缓全球温室效应的效果是相同的，碳排放权可以完全自由地进行交易。碳排放权交易理论上可以设计成全球性交易体系，由于不受地域限制和参与主体广泛，可以充分发挥金融链和数据链的作用，打造碳金融衍生品，激发交易市场活力，进而推动生态产品价值实现。相反，水权和排污权等其他公共资源类生态产品的权益交易存在显著的地域限制，水资源的使用和污染物的排放等对公共资源类生态产品的消耗只对区域内的生态环境产生影响。因此，只有特定范围内的特定主体对其产生需求，交易范围受限、参与主体不多、市场规模不大，导致这些公共资源类生态产品很难通过打造金融链、数据链来推动价值实现。同时，我国非常关注当前的气候变化问题，积极承担国际节能减排任务，而且非常重视对碳排放权交易市场（简称碳市场）的建设。在 2014 年年底的二十国集团（G20）领导人第九次峰会上，习近平主席在讲话时强调，"中方计划 2030 年左右达到二氧化碳排放峰值"。2020 年 9 月，习近平主席在第 75 届联合国大会一般性辩论上宣布，"中国将提高国家自主贡献力度，采取更加有力的政策和措施，二氧化碳排放力争于 2030 年前达到峰值，努力争取 2060 年前实现碳中和"。而我国也于 2013—2016 年启动碳交易试点建设，并于 2021 年 7 月全面开启全国碳市场。碳排放权交易已成为我国公共资源类生态产品价值实现的重要途径。鉴于上述原因，本专论主要以碳排放权交易为切入点研究公共资源类生态产品的价值实现。

（一）欧盟碳排放权交易

欧盟推动碳排放权交易体系（EU-ETS）建设是为了实现《京都议定书》中承诺的温室气体减排目标，欧盟曾计划到 2020 年碳排放在 1990 年排放量的基准上削减 20%，到 2050 年碳排放削减 80% ~ 95%。2001 年，EU-ETS 草案提交到欧洲议会进入正式讨论阶段；2003 年 7 月，欧洲议会通过了 2003/87/EC 法案，确定了 EU-ETS 的建立。目前该体系覆盖 28 个欧盟成员国及冰岛、列支敦士登和挪威 3 个非欧盟国家中超过 11000 家的电厂和工业企业，这些企业的碳排放量占欧盟碳排放总量的 45%。EU-ETS 分阶段执行，第一阶段为探索时期（2005—2007 年），第二阶段为改革时期（2008—2012 年），第三阶段为发展时期（2013—2020 年），第四阶段为创新时期（2021—2030 年）。

1. EU-ETS 的立法体系

EU-ETS 是一部环境法，属于欧盟权利范围，因此，有关 EU-ETS 的决定是在欧盟层面作出的，而不是在成员国层面，以确保不同成员国之间的协调。立法机构主要有欧盟理事会与欧盟委员会。

欧盟委员会能够给出立法提案，欧盟理事会可以给出一些立法的修正建议，在提案正式发布以前，要能够获得欧盟委员会的认可。对于 EU-ETS，配额监测和配额无偿分配等工作欧盟委员会具有比较大的权力。在立法提案获得采纳以后，欧盟委员会需要保证立法工作顺利落实下去，对于立法的不当执行，欧盟委员会可以根据相关法律规定来对其成员国进行一定的惩处。可以发现，EU-ETS 从立法、执行到监管等各方面都有非常完善的法律支持。

2. 自上而下的总量控制

欧盟采用的是自上而下的"总量 - 交易"（Cap-and-Trade）模式，即整个交易体系中所有企业的碳排放总量有一个最大限额，在这个限额以内，企业可以通过分配或购买获得碳排放配额（Allowance），也可以出售自己拥有的配额。第一阶段，EU-ETS 碳排放配额总量为 20.58 亿吨 / 年，仅限制了二氧化碳的排放，涉及的行业主要有能源行业、水泥行业与钢铁行业等。假如这些企业超额排放二氧化碳，则每排放 1 吨碳需要缴纳 40 欧元的罚款，而且还应当在第二年的碳排放配额之中扣除相应的排放量。第二阶段，EU-ETS 规定 2012 年的碳排放总量和 1990 年相比要减少 8%。改革时期的欧盟委员会进一步将碳排放配额的总量降至 18.59 亿吨/年，同时进一步将超额排放罚款提升至 100 欧元/吨。第三阶段，欧盟委员会联系之前的改革工作经验，规定 2013 年的碳排放配额总量为 20.84 亿吨/年，之后每年减少 1.74%，从而能够在 2020 年实现碳减排的目标。在当前的发展时期，碳市场限制排放的温室气体主要有氧化亚氮、二氧化碳等，而且还进一步将航空运输等行业囊括到了整体的交易体系之中。从目前情况来看，EU-ETS 已经步入了第四阶段，未来的工作目标是 2030 年碳排放总量同 1990 年相比降低 40%；同时每一年减少的碳排放量进一步调整为 2.2%；而且需要减少碳价格波动幅度，解决碳排放配额供应过多的问题，在创新时期配额方面引进了市场稳定储备机制。

采用自上而下的控制模式能让碳排放的总量减少，最终达成减排的任务目标，让碳价格实现稳定。尽管欧盟的碳市场曾经处于经济危机的影响之下，在 2010 年出现了配额过剩的情况，但碳价格并没有出现明显下滑。和自下而上的发展路径相比，自上而下的发展路径能够降低碳市场建设工作的整体难度，让市场的建设成本明显下降，而且标准化的规则能够防止市场出现区域分割，增强整个市场的资源配置效率，能在碳市场运转初期就减少整个社会的碳减排成本。利用配额分配规则与监管规则的高度统一还能够确保不同区域的配额具有同质性，让整个市场更加公平。

3. 拍卖逐渐增加的分配方式

在第一阶段和第二阶段，因为没有足够精准的成员国温室气体排放信息，没有办法明确碳配额总量，同时关注到各个成员国经济发展情况及法律法规方面的不同，欧盟委员会颁布了《国家分配方案》（NAP），提出了一种自下而上的分配模式。NAP 中指出，欧盟的成员国可以自行设置本国碳排放总配额的具体分配方式，欧盟委员会在汇总碳排放总量之后，根据历史排放法（祖父法）将配额发放至相应的成员国。

在第一阶段，所有的配额属于无偿发放；而在第二阶段，配额分配将以免费方式为主，成员国通过竞拍获得的配额占配额总量的 10%，并且因为信息不对称等问题的影响，导致这个时期的配额供给明显大于需求。除此之外，2008年出现的金融危机导致了配额具有明显的价格波动；所以，欧盟在第三阶段使用《国家执行措施》（NIM）替换了原来的方案。NIM 让欧盟委员会具有更明显的管理职能，将设置碳排放配额总量的最终权力集中到了欧盟委员会手中，并且结合其具体的计划分配给各个国家。在这个阶段每个成员国的配额总量使用基线法来进行设置，NIM 提出所有成员国竞拍配额的占比提升到 57%，除此之外，2013 年之后电力行业所有的配额都需要使用竞拍的方式得到。第四阶段配额拍卖的占比会进一步提升，一直到所有的免费配额不再提供为止。欧盟委员会把效率视作分配的基本原则，将拍卖作为主要的碳排放配额分配方式，能够有效地减少企业与政府之间所出现的信息不对称问题，更有效地体现了公平原则，让企业尽可能地减排，促使企业拥有更高的经营效率。另外，考虑到"碳泄漏"风险的存在，处于高风险的行业在第三阶段仍可根据基准线免费获得全部的初始配额，而对于"碳泄漏"风险相对较低的行业，免费配额比例将从2013 年的 80% 逐年递减，最终在 2020 年降至 30%。

4. 监测、报告与核查机制

EU-ETS 建立在准确的碳排放数据基础上，在碳交易过程中，碳排放监测、报告与核查（MRV）是贯穿始终的基础性工作，健全的 MRV 制度为碳排放权交易市场运行提供真实、准确、可靠的数据，是碳交易制度的基石和重要保障。欧盟碳交易指令明确指出，企业需要结合欧盟委员会所设置的温室气体排放监测标准报告排放，经第三方机构核证后向主管部门提交，测量报告排放源设施等的基本情况、排放量的计算方法（包括活动水平数据、排放总量、排放因子及不确定性因素等内容）等。在监管体系上，欧盟碳交易形成了政府监管、交易所监管、第三方机构监管及社会公众监督的独立运作体系，建立了包括碳交易信息披露、碳市场监控、碳排放核证及碳金融风险防控在内的完整监管体系。

5. 市场稳定储备机制

EU-ETS 由于配额过剩导致碳价格剧烈波动，备受诟病。为了解决长时间存在的供给大于需求的问题，欧盟在 2018 年指出需要采用"市场稳定储备机制"（MSR），自动调整碳排放配额的供给，提高 EU-ETS 风险管控能力。这是一种持续性的配额盈余控制机制，通过把一定数量的配额投放到市场储备之中，对整个市场的供给进行有效调整。MSR 的内部储备量是基于一定原则的，如果流通的配额总量大于 8.33 亿吨，12% 的配额供给将从将来的拍卖过程中撤出并同时投放到市场储备之中。如果流通的配额数量小于 4 亿吨，那么需要从 MSR 中提取 1 亿吨配额投放到市场内。科学的储备规模能够防止政府的配额出现过度供给的现象，配额储备确保了欧盟碳市场的稳定，让碳价格更加稳定。这样能够使整个碳市场创建高效的调控机制，通过创建完备的配额储备管理体系，充分发挥储备配额的"蓄水池"作用，让整个市场的供应处于稳定状态。除此之外，MSR 给出的储备规则事先设置好了，这能够降低制度对市场产生的不可预测的影响。对于将来可能会产生的供给短缺问题，欧盟在 2019 年推行 MSR 以后，碳价格从 2017 年年中的 4.38 欧元/吨提升到了 2018 年 8 月份的 18.28 欧元/吨，上涨了 3 倍左右，而在 2019 年该制度正式实施之后价格更是上涨到了 30 欧元/吨，这项制度能够更好地对企业进行约束，实现能源转型，即说明了 MSR 的有效性。

6. 灵活履约机制

在《联合国气候变化框架公约》的约束之下，企业会尽可能地减少温室气体的排放，企业不仅可以通过场内交易购买一定的配额，还可以购买通过中国清洁发展机制（CDM）产生的核证减排量（CER）抵消碳排放量。除此之外，对于 EU-ETS 的所有成员国来说，CDM 也给予了一种灵活度比较高的履约机制，降低企业需要花费的履约成本，还能够让 EU-ETS 和其他区域的碳市场相关联，提升了国际化的程度。在第三阶段之后，为了使配额处于稳定状态，欧盟委员会进一步对 CER 使用给出了限制条件，EU-ETS 能够给整个碳市场提供充足的资金，最终让欧元成为碳市场交易的首要货币，让欧盟委员会拥有了调控碳价格的权力。

7. 碳市场的金融化

欧盟委员会在 2005 年颁布 EU-ETS 之后，推出了碳期权及期货等金融衍生品，而且鼓励金融机构对碳基金及碳信贷等一些产品进行开发，同时把金融属性融入 EU-ETS 当中，帮助碳现货市场持续发展。在第三阶段，欧盟委员会进一步对《反市场滥用指令》展开了部分修订，碳金融衍生品第一次在立法层面被列入金融工具之中，这让碳市场具有了更强的金融属性。碳金融衍生品在第一及第二阶段供给数量多、市场情况不好的情形下价格依旧比较稳定，能在一定程度上对市场风险进行对冲，金融化程度较高，这对欧洲碳市场产生了正面影响。

8. 储蓄与借贷机制

为了提高交易计划的灵活性，欧盟规定，允许配额储蓄和借贷。储蓄机制是指允许碳排放配额留存到下一个履约承诺期。借贷是指允许管制对象提前使用未来的碳排放配额，以完成当前的减排目标。配额的储蓄机制有利于激励企业尽早开展减排行动，因为减排所产生的碳排放配额能够抵消企业未来的额外排放量，同时也可以将节省的配额单位在碳市场出售以获取利润；配额的借贷机制有利于企业在较长的时间内调剂配额单位的使用，帮助企业制订较长远的减排计划与生产计划。EU-ETS 在第一阶段不允许配额跨期储蓄；在第二阶段及以后允许配额跨期储蓄。

（二）韩国碳排放权交易

韩国的绝大多数温室气体都是大型企业排放的，在开展碳市场工作之前，韩国政府首先引入了"目标管理机制"（TMS），TMS 联系大型的工业企业进一步设置了减排的工作目标，让企业开展碳排放管理工作，而且韩国不允许排放许可交易产生。2011 年之后，韩国颁布了碳排放的相关制度，此制度将欧盟的制度作为基础，覆盖了韩国 67.7% 的温室气体排放，在时间框架方面主要包括 3 个阶段：第一阶段（2015—2017 年）、第二阶段（2018—2020 年）及第三阶段（2021—2026 年）。在 2012 年年中，韩国颁布了温室气体排放交易相关条例，同年，总统审核签署了法令。韩国碳市场于 2015 年正式运行。

1. 总量控制与行业覆盖

在总量设置方面，配额总量会把其中的一部分当成配额储备投放到市场之中，确保价格稳定。结合韩国所发布的排放预算，在第一阶段，韩国的碳市场总量限额约为 16.67 亿吨，其中 0.89 亿吨用作储备。2015—2017 年，总量限额分别为 5.4 亿吨、5.6 亿吨和 5.67 亿吨。在第二阶段，2018 年的总量限额为 5.39 亿吨。

在行业门槛方面，韩国碳市场全面覆盖了韩国境内 599 家企业，排放种类包括所有的温室气体。同时其将门槛设定为，每一年排放的当量超过 12.5 万吨的企业或排放量超过 2.5 万吨的排放设施。第一阶段包含的行业主要有水泥、化工、电力等企业。在 2017 年的年底，韩国有 5 家航空公司被纳入整个碳市场的覆盖范围之内，而且在第二阶段需要提交相应的配额履约。

2. 无偿分配为主的分配方式

在配额初始分配中，韩国企划财政部下属碳排放配额分配委员会主要负责设置分配计划。在配额分配方案方面，结合不同的企业及不同的交易期设置不一样的标准，相关主体需要事先填报分配申请表，韩国的碳排放配额分配委员会能够对申请的配额数量进行纠正。在第一阶段，配额分配使用了完全免费的方式，在第二阶段，免费配额降低到 97%，在第三阶段，免费配额降低到 90%。那些高风险的碳泄漏企业能够获得完全免费的配额。在第一阶段，绝大多数排放受规制的企业使用祖父法完成分配。韩国的航空企业主要采用基准线法对配额进行分配。在第一阶段，韩国的储备配额主要有 1400 万吨市场稳定配额、4100 万吨行动奖励配额和 3300 万吨其他类型配额，交易产生的盈余配额需要被纳入配额储备之中。

3. 灵活履约机制

在灵活履约方面，韩国的碳市场在第一阶段及第二阶段认可企业使用核证减排量（KCUs），这个减排量是碳市场覆盖范围外的企业所产生的减排量，而且企业每一次上缴的 KCUs 数量要小于履约义务的 10%。同时在第三阶段之后，韩国批准将碳减排权（CER）使用到碳排放履约之中，但是 CER 的使用量需要小于履约义务的 10%，而且不能大于同时间段所使用的抵消信用量。在交易期间，韩国规定能够使用预借配额完成交易，但是交易必须发生在配额的交易期内，而且设置了一定的比例限制。2015 年，韩国预借配额占履约义务 10%，但是 2017 年预借配额占履约义务的比例增加到了 20%。在第二阶段，在 2018 年期间该比例维持在 15%，该比例主要通过对企业早期的预借配额比例展开分析和计算给出。在韩国碳市场正式投入运行之前，那些早期开展了减排的企业，结合企业的减排效果能够得到政府的一些奖励，在第一阶段最多能够得到 3% 的配额分配奖励。

4. 市场价格稳定机制

在市场价格稳定机制的建设方面，韩国碳市场让政府能够在配额价格比较高的情况下增加配额的供应量，将储备量的 25% 通过拍卖的方式投放到市场中。此外，为了让配额价格处于稳定的区间内，主管部门会采用下述一些措施：①明确配额持有量的最大值及最小值；②对跨期存储总数量进行规定；③对抵消的使用数量进行规定；④明确设置配额的最高价格及最低价格，而且需要通过相关部门的审查。该机制主要应用在以下情形中：其一，整个配额市场的价格迅速提升，超出平均价格的 300%；其二，市场需求明显提升，在单个月份的时间内需求量大于市场平均值的 200%，或者造成价格上涨了 200% 以上；其三，价格出现明显下滑，在单个月份之内降幅高于 60%。

5. 履约责任与参与主体

在市场参与主体及履约责任方面，韩国规定如果企业没有足额上缴配额，会面临 3 倍以上的罚款，其罚款的上限为 10 万韩元 / 吨。同时在第一及第二阶段，参与交易的主体主要有韩国的银行、金融机构及纳入碳市场的企业。

（三）美国排污权交易

美国加利福尼亚州南海岸空气质量管理局在 1993 年年底通过 "RECLAIM

计划",建立区域排污权交易市场,促进固定源 NOx 和 SOx 减排。"RECLAIM 计划"使用排污权交易减少大气污染物的排放量,让臭氧及 PM2.5 的浓度达到标准值,从而让区域空气质量获得改善,让生活质量获得提升。"RECLAIM 计划"的管理主体是在计划开展之后所有的年份中 NOx 或 SOx 的排放量大于 4 吨的固定排放源,包含 330 家 NOx 和 SOx 企业的排放设施,所涉及的交易主体数量较多,让整个市场具有更大的规模。

1. 合理的总量控制与配额分配

"RECLAIM 计划"结合美国的空气质量达标规划(AQMP)明确给出了在不同时期污染物降低的目标。第一个时期是 1994—2003 年,要让区域之内的 NOx 和 SOx 配额总量分别减少 75% 和 60%;第二个时期是 2004—2012 年,要让区域内的 NOx 配额总量减少 20%;第三个时期是 2013—2019 年,要让区域内的 SOx 配额总量减少 51%。

区域内污染物初始配额总量是所有管理主体的配额总和。在初始配额的设置方面需要严格遵守等量、公正及公平的基本原则。等量主要指的是根据"RECLAIM 计划"所设置的排放削减量,与 AQMP 中规定的保持一致。公正主要指的是配额的数量需要结合历史操作情况来进行设置。公平主要指的是在计划实施的早期关注企业排放控制工作,结合排放控制工作设置排放削减率。在初始配额分配过程中使用免费的方式进行分配。初始配额结合管理对象在历史过程中(比如说基准年之前的 3 ~ 5 年内)NOx 和 SOx 的最大排放量来进行设置,而且设置了 1994 年、2000 年以及 2003 年 3 套不同的分配方案。

2. 分散型交易市场

"RECLAIM 计划"并没有建设特定的交易平台,交易主体之间可以采用点对点分散型的方式展开可交易信用(RTCs)的买卖。"RECLAIM 计划"并不会对整个市场进行管理,也没有对价格进行有效的控制,所建设的 RTCs 信息登记记录能够对价格进行动态追踪,同时还建设了公告平台给企业发布市场信息。拥有足够多的主体参与是确保市场活跃的基础,"RECLAIM 计划"中的主体包括有污染物排放的企业,外国的投资者也能够加入这个市场中。

3. "双周期" 合规机制

为了防止全部的 RTCs 发生同时过期，造成价格出现巨大波动的现象，"RECLAIM 计划" 使用了双周期合规机制：1—12 月为首个周期，而财政年度 7 月到次年 6 月为第二个周期。企业可以结合自身的需要选择合规周期，从而挑选不同周期的 RTCs，但是这两个周期的排放量只能够使用到同周期的 RTCs 中。合规时间错开，确保了 RTCs 具有较强的可获得性，防止整个市场产生供给、需求的不平衡，从而避免市场上的价格出现明显的波动，让价格处于稳定状态。"RECLAIM 计划" 所设置的信用额度进行存储时，需要和相应阶段的削减目标高度匹配。

4. 监测、记录和报告机制

"RECLAIM 计划" 拥有比较强的灵活性，并没有要求所有的企业监测瞬间的浓度限值，只是要求对设备的碳排放量进行监测，所以对监测及报告方面的要求比较高。对于 NOx 排放和报告的一些规定，在污染源方面设置了不同的级别：第一级别是最主要的污染源，对于这些污染源应当建立连续监测系统（CEMS），执行按日报告开展监测；第二级别是比较大的污染源，需要使用燃料计量器及燃料消耗监测器（CPMS），同时每个月都需要提交电子报告；第三级别为污染并不明显的排放设备，需要使用燃料计量器，定期以季度报告的方式上报排放总量。而对于 SOx 排放量监测方面的规定，监测和报告的要求与 NOx 相关规定相同。

"RECLAIM 计划" 规定所有的排放设施需要确保能够和设施的许可证相匹配，精准地记录和排放设施有关系的信息，如配额分配量、连续监测的具体方案、守法的报告、走访信息及核查方式。除在许可证方面明确说明的商业机密信息外，其他的排放信息必须要向整个社会公开，确保社会公众拥有环保监督的基本权利。

（四）国际经验对我国碳市场建设的启示

1. 健全碳市场法律保障体系

对于政策所创建的强制性市场，采用立法先行的方式是碳市场创建的基础，然而我国的碳市场创建却有立法滞后的问题。结合对 EU-ETS 在立法保障中的经验分析，我国碳市场要增强立法的层级，要让碳交易的所有过程足够清晰、明确。需要确保立法先行才能够让我国的整个碳市场处于稳定的运行状态之下。

一是应当增强碳市场的立法层级。EU-ETS 的立法工作，以及立法的执行环节主要是由欧盟委员会及欧盟的法院等部门展开具体的执行工作。与此相对比，我国碳市场的立法层级不高，我国所颁布的《碳排放权交易管理办法》只属于部门规章。所以我国需要使用法律及行政法规的方式来设置碳排放交易管理规定，同时要尽快地颁布国务院条例，从而能够让碳排放权交易市场拥有足够强的法律支撑，增强对我国企业的约束力。

二是明确规定碳交易的各个流程。需要对碳交易各方主体的义务和权利及交易的过程、信息的收集、企业的合法利益、违约的处罚等一些碳市场的核心问题展开详细的规定。和欧盟、韩国和美国等市场相对比，我国的碳市场并没有创建比较完备的监管体系，也没有建立标准化和统一化的市场监管机构，在市场的违约风险方面没有得到妥善处理。所以需要去创建完善的碳市场监管机制及惩罚机制，确保整个碳市场中的企业能够按照数量履约，保障碳市场交易过程公平、公正，更好地完成减排的最终目标。

2. 配额总量适度从紧，使用自上而下的绝对总量控制

配额总量的设置会对配额的稀缺性产生直接影响，进一步会对市场的价格造成影响。欧盟在整个碳市场创建的早些时期，因为配额的数量过多，而且总量的管理比较宽松，同时加上长期累积，这进一步地导致碳价格比较低。为了能够改变这种配额的供给要明显高于需求的状态，欧盟使用了自上而下的控制模式，让配额的总量控制能够变紧。我国在碳交易试点工作的早期阶段，同样也存在配额比较多、碳价格不高，没有让企业充分减排。所以从国际经验层面来看，设置配额总量的时候，要采用适度从紧的管理方式确保碳价格处于稳定状态，增强企业减排的积极性。

明确的配额市场总量控制属于 EU-ETS 管理的关键要素，使用自上而下的方式实现绝对总量控制，从而保障了高效的短期以及长期的配额价格稳定。我

国的碳市场主要使用的是自下而上的灵活控制方式，同时将基准法作为类别的划分标准，结合一些重点的排放企业实际的产出情况设置其配额的数量，对于这些配额数量共同构成的我国碳市场的配额总量，这导致在配额过程中存在事后调整的阶段，并没有在事前给出明确的标准，这也让企业在决策和投资的过程中无法充分关注碳价格。假如在基准线设置不严格的情况下，使用自下而上的控制方式会造成整个碳市场的总量比较宽松、碳价格不高，没有办法让企业实现减排。

3. 以免费配额为主，不断增加拍卖占比

配额的分配方法是影响交易活跃程度的关键影响因素，会对整个碳市场的减排工作产生影响。在配额的分配方法方面要能够保证减排目标最终达成。利用拍卖的方式可以有效挖掘当前的市场价格潜力、降低管理成本、尽可能地避免寻租行为的产生，但会让履约成本随之提升。所以，早期的碳市场需要将免费分配作为主体，逐步增加拍卖的比例。比如说，韩国的碳市场在早期同样使用的是免费分配的模式，这造成早期的配额比较多、碳价格不高，伴随整个碳市场的持续发展，整体的免费配额的占比明显降低，拍卖的占比明显提升。利用拍卖的方式是最公平的分配方式，充分展现了污染者付费的基本原则，让价格更加明确，同时能够给企业的减排行动提供助推动力，如果企业能够减排的占比更多，花费资金购买配额的成本就会随之降低，利用设计拍卖的底价来对碳价格的稳定性进行控制。除此之外，通过拍卖也可以带来一定的财政收入，这些收入将被投入到技术创新及帮助中小企业等弱势群体的发展中。

4. 完善碳交易监管机制，建立有效的惩罚机制

监管机制主要包含有碳排放的信息登记、碳排放的交易核查、污染源的监测平台等。要能够对排放源展开高效的管理，要保证碳排放位于高效的监控状态之下。EU-ETS 会对那些没有按照标准提交配额的企业处以高额罚款，在第一个时期根据每吨 40 欧元的标准进行处罚，在第二个时期处罚的金额提升到100 欧元，这比碳排放配额的市场平均价格高得多。RECLAIM 对 SO_2 超额排放的发电机组也给予高额的处罚，对超过限额要求的 SO_2 排放量处以每吨 2000

美元的罚款，远高于市场的配额价格。增强对一些超标排放行为的处罚力度，这样才能够更好地让企业减排。除此之外，对于我国碳市场高效运行，需要使用标准化的奖惩机制，同时也需要设置足够清晰的执行机制，要让立法和执法共同推进。

5. 设置配额柔性调整机制

EU-ETS 第一以及第二阶段的供给量要比需求量大，这造成了碳价格不高，欧盟展开了多次的改革工作正是为了处理市场的供给和需求之间不平衡的问题。MSR 的实施，使得 EU-ETS 能够解决碳价格比较低的问题，让碳价格走势增高，同时让碳价格处于稳定状态。韩国碳市场借鉴了欧盟的经验，也设计了市场价格稳定机制保障其碳价格处于稳定状态。所以，能够对配额供给进行调整的制度是非常关键的。我国的碳市场需要参考 EU-ETS 所采取的市场价格稳定机制，对配额储备机制进行应用，合理地对配额进行优化和调整，将一些多余的配额放置到储备之中，防止整个市场有过多的配额盈余，从而保障碳价格处于稳定的状态下。这样才能让企业减排，让企业完成能源转型。

6. 注重金融创新，增强市场培育

碳价格处于稳定状态是保证整个碳市场持续发展的核心，为了让市场更具信心，需要参考 EU-ETS 的碳市场金融创新经验，鼓励我国的碳市场展开金融创新。

一是鼓励更多的金融机构参与交易。深度发掘可以在国内进行流通的碳期货等类型的金融工具，用碳保险以及碳基金等完成金融创新，给市场上的参与主体提供更多样化的参与渠道。

二是关注市场参与主体能力的培养。需要定期开展从业人员的培训工作，给整个社会大众宣传碳市场的相关知识，增强碳市场概念的普及，让碳市场获得社会的重视和关注；同时需要使用一些税收减免以及优惠补贴政策让企业踊跃参与到碳交易之中，让企业去创建碳交易团队，增强综合性人才团队的培养，让整个碳市场的参与度获得提升，调动市场的活力，让碳市场和金融市场之间紧密关联。

三、机制设计

　　市场机制的逐步建立与完善、生态资源的产权明晰及价值化、消费者对生态产品需求的不断提升，给公共资源类生态产品实现市场化供给打下了良好的发展基础。公共资源类生态产品价值实现市场机制如图 2-2 所示。

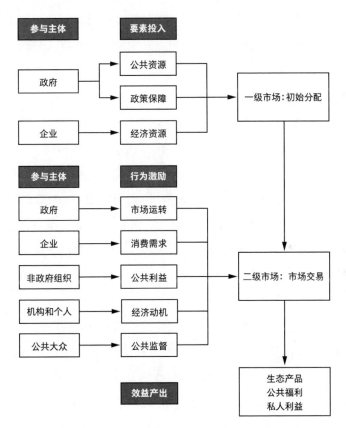

图 2-2　公共资源类生态产品价值实现市场机制

　　对于直接的市场经济交易来说，其由政府主导，通过引入企业、非政府组织（NGO）、机构、个人、公共大众等参与主体，建立生态产品产权交易市场。产权交易市场包括初始分配的一级市场及市场交易的二级市场，市场的正常运转需要投入公共资源、政策保障和经济资源等要素，政府在相关政策方面必须有一定的引导，并向市场投放定量的公共资源，以激励其他参与主体对生态产品投入经济资源。最终，在维持市场良性运转、满足消费需求、维护保障公共利益、实现投资盈利经济动机和采取有效市场行为的公共监督等的激励下，各主体通过市场机制实现生态产品供给、扩大公共福利和获取私人利益等效益产出。本部分以碳排放权交易为例，研究公共资源类生态产品价值实现机制设计。

为推动"双碳"目标的实现，我国开展了碳市场的建设，主要包括区域试点碳市场、全国碳市场和自愿减排碳市场。

国家发展改革委于 2011 年颁布了《关于开展碳排放权交易试点工作的通知》，这意味着我国的碳市场正式开始建设。2013—2016 年，北京、天津、上海、重庆、湖北、广东、深圳、福建等地的碳排放权交易市场逐渐成立。这些试点地区完成了整体的方案研究及基础设施的建设，发展成为拥有区域特点的碳市场。碳交易采用线下方式进行（一般使用现货市场交易的方式），在广东、湖北及上海等地试点推出了碳期货。2020 年期间，我国的试点碳市场配额价格大部分为 20 ~ 30元 / 吨，上海与北京的碳市场配额价格比较高，试点区域的碳市场相互之间的供给和需求呈现差异化的态势。截至 2020 年年底，试点区域碳市场的配额成交量约为 4.55 亿吨，成交总金额约为 105.5 亿元，试点区域给我国的碳市场建设打下了良好的基础，并提供了宝贵的经验。当前，各个地区的试点碳市场主要将钢铁企业及电力企业等一些排放量比较高的企业纳入市场体系中，截至 2021 年，已覆盖接近 3000 家重点排放单位。

通过多年持续的探索，我国的碳市场建设从区域试点进一步推广到全国。

在政策制度方面，2017 年年底，国家发展改革委颁布了《全国碳排放权交易市场建设方案（发电行业）》，这意味着我国正式推动全国碳市场的建设工作；2020 年年底，生态环境部颁布了《全国碳排放权交易管理办法（试行）》，规范了全国碳市场的配额分配、碳排放权的信息登记、碳排放报告与核查等流程，使全国碳市场的制度更加完备。

在基础设施的建设方面，国家发展改革委明确要求，碳排放权的信息登记和交易系统交给湖北及上海两地建设，湖北及上海两地负责设置碳市场的配额分配、核查、交易等工作细则。

在行业的覆盖范围方面，当前纳入全国碳市场范围之内的电力企业共计
2225 家，碳排放的总体规模约为 40 亿吨，占全国碳排放量的 40%。根据年排
放量达到 2.6 万吨的基本准入门槛，"十四五"期间，石化企业、钢铁企业及
水泥企业等排放量较大的企业将被纳入碳市场的覆盖范围之内。全国碳市场于
2021 年 7 月 16 日正式开启，开启首日交易活跃，但随后成交量和配额价格逐渐
下降。截至 2021 年 12 月 23 日，全国碳市场配额成交量达到了 1.5 亿吨，成交
总金额约为 61.1 亿元，全国碳市场的交易现状如图 2-3 所示。

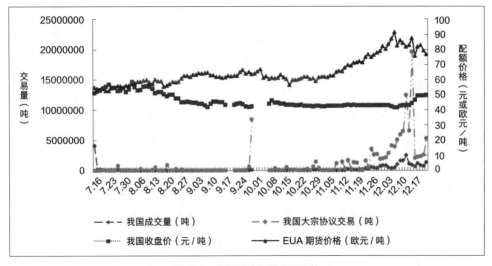

图 2-3　全国碳市场的交易现状

我国的自愿减排碳市场主要以国际的 CDM 机制作为基础，在 2005 年之后，
我国开启了 CDM 项目建设，作为 CER 的卖方参与到国际的碳市场中。而欧盟对
CER 的使用设置了比例限制，这让 CER 的价格显著下降，在此之后我国推出了自
愿减排碳市场。国家发展改革委于 2012 年年中颁布了《温室气体自愿减排交易管
理暂行办法》，明确将中国核证自愿减排量（CCER）作为可在自愿减排碳市场中进
行交易的产品。另外，在 2020 年年初，国际民航组织正式允许 CCER 参与国际航
空碳抵消市场，CCER 成为我国航空碳排放抵消的重要选择。截至 2020 年年底，
我国共有自愿减排项目 2874 个，CCER 成交量约为 2.68 亿吨，成交总金额超过 20
亿元。目前，我国的 CCER 市场具有较高的活跃度，并且随着全国碳市场的逐渐

成熟，CCER 在制度框架内将逐步发展为覆盖全国碳市场的重要抵消机制。

（一）多要素的市场投入

公共资源类生态产品价值实现的市场机制需要投入多种要素，具体包括公共资源、政策保障和经济资源。各种要素由不同的市场主体提供，并在市场机制中发挥着不同的作用。

1. 公共资源

公共资源，即企业因生产需要而消耗的公共资源类生态产品，是价值实现市场机制的核心要素，在碳市场中即为碳排放配额。在一级交易市场中，政府是公共资源的供给方，企业是公共资源的需求方。政府通过受让成为向企业出让公共资源产权的唯一出让方。政府在总量控制的原则下通过无偿分配或拍卖分配的方式将碳排放配额分配给企业，企业必须以取得碳排放配额为前提进行生产并产生碳排放，进而在权利范围内消耗公共资源。在二级交易市场中，公共资源呈现多样化的供给模式，供给模式包括政府供给和市场供给。在市场出现供需失衡的情况下，政府可以向市场额外供给或回收公共资源从而避免市场失灵。此外，企业可以通过节能减排产生盈余的碳排放配额，从而向市场供给公共资源，也可以通过实施碳汇项目生产 CCER 并在市场中交易。对于因生产需要而产生超过所持配额的碳排放企业来说，其对公共资源的消费需求是刚性需求。非政府组织（NGO）和公共大众为了保护生态环境、维护公共利益，也对公共资源有一定的消费需求。机构和个人将碳排放配额作为标的资产进行投资，既是公共资源的供给方，也是公共资源的需求方；但对于整个碳市场而言，其并未生产或消耗公共资源，仅作为投资者参与到碳排放配额的市场交易和流动中，从而提高碳市场活力，挖掘碳排放配额的金融价值。

2. 政策保障

政府需要通过相关配套政策为生态产品供需市场营造一个公平有序的环境，激发多方主体参与到整个市场交易中，确保公共资源类生态产品供给和需求交易正常运转。在建立碳市场之前，政府部门需要设置明确的碳排放配额管理制度、交易规则、监管办法等具体细则，综合考虑各行业发展水平和碳排放结构现状，明确重点碳排放单位清单，设置重点管控单位碳排放门槛；建立履约规则，规定重点控排单位每个自然年的履约期限；明确市场参与主体和交易产品。

3. 经济资源

市场交易是公共资源类生态产品价值实现的方式，经济资源则是市场交易的关键要素，经济资源能够促进公共资源在市场中流通。在一级交易市场中，经济资源主要由企业提供，当政府采用固定价格以出售或拍卖等有偿分配方式发放配额时，企业若想在一级交易市场中获取一定量的配额，则需要支付相应的费用。在二级交易市场中，当企业、非政府组织、金融机构和个人等主体作为配额需求方时，需要向市场提供经济资源以获取配额；而当他们作为配额供给方时，将从市场中获取经济资源以得到经济回报。

（二）多元化的参与主体

公共资源类生态产品的价值实现，需要构建多元化主体参与的市场机制，具体包括政府、企业、非政府组织、金融机构、个人、公共大众。各主体在市场机制中扮演着不同的角色。

1. 政府

政府既是碳市场中的重要参与者，也是市场的需求方及市场的管理者。

（1）被视作需求方的政府。

政府对整个碳市场的需求包括以下两个方面：第一，对企业减排及履约方面具有一定的需求；第二，对低碳经济在增强国际竞争力及推动经济增长方面的需求。我国政府在国际气候谈判中承诺了碳强度减排和"双碳"目标，为履行国际承诺，需要通过碳市场推动低碳发展。对后者来说，政府旨在通过对碳市场的建立和运行，尽可能减少减排的经济成本，有效促进低碳投资，使经济实现稳定增长，保障我国企业能在碳金融及碳技术方面具有足够强的竞争力。

（2）被视作管理者的政府。

政府在作为整个碳市场的管理者时，主要拥有下述职能：一是计划职能，能够让碳市场的作用及地位足够清晰、明确，设计碳市场整体的发展战略；二是组织职能，对多种资源进行有效的协调和组织，创建碳市场，对配额进行公平分配；三是领导职能，让多种主体能够积极参与到碳市场之中来，利用市场运作来达到政府的工作目标；四是控制职能，能够对碳市场展开高效的监管，从而保证碳市场处于高效的运行状态。

2. 企业

企业既可以成为碳市场的需求方，也可以成为供给方。

（1）被视作需求方的企业。

在当前的总量控制与交易机制的政策背景下，企业可以在一级市场中通过无偿分配或者拍卖分配的方式获得一些碳排放配额，假如企业的碳排放配额少于实际排放量，为了能够履行自身的减排义务，以及防止受到监管部门的处罚，企业会在碳交易二级市场中购买碳排放配额，从而满足企业的实际碳排放需求，在这种情况下企业是整个碳市场的需求方。企业为了提升品牌形象及满足未来履约的实际需求，也会主动购买一些碳排放配额，这时企业同样也是需求方。

（2）被视作供给方的企业。

假如企业使用多种方法将碳排放量降低，如利用技术革新的方式产生了许多盈余的碳排放配额，以及企业通过开发 CDM 项目产生了 CCER，这时企业会拥有更多的配额，成为供给方。在市场机制的影响之下，成为供给方的企业将形成一条低碳产业链，即企业从原材料到加工生产，再到最终产品，每个环节都将以低碳作为标准，并带动节能低碳产业和碳汇产业的发展，最终形成低碳产业供应链。

3. 非政府组织（NGO）

非政府组织在当前的许多国际事务及国内事务中具有非常大的影响力，在碳交易方面也同样如此。

（1）被视作需求方的非政府组织。

非政府组织能够从碳市场中购买碳排放配额或者购买减排信用，但并不使用，从而在一定程度上降低全社会的碳排放量。除此之外，非政府组织同样也可以资助一些减排项目的实施，从而助力企业完成履约，实现碳减排。

（2）被视作管理者的非政府组织。

一些非政府组织属于碳市场的发动者及促进者。其中，不仅有"老牌"的非政府组织，如世界绿色和平组织及世界自然基金会等，还有一些比较著名的研究机构，如世界资源研究所等，以及一些新兴的低碳组织，如碳信息披露项目等。这些非政府组织主要对碳市场展开理论分析，发布一些研究报告；开展关于碳市场的宣传教育活动，使减排意识能够得到有效提高，让信息在社会上快速传播；参与到整个决策过程之中，能够给社会公众及政府提供一些政策建议；参与到政策的标准制定之中，促进当地政府创建碳市场，协助监管部门展开市场监督；开展一些培训项目，增强从业人员的能力。

还有部分非政府组织认为碳市场失灵，不认可使用碳市场来解决气候变化问题，如地球之友曾经在 2009 年公布过研究报告，指出需要停止全球碳市场的扩张。

4. 金融机构和个人

金融机构主要包括银行、保险公司、信托公司和金融评级机构等。在整个碳市场中，金融机构既可能是需求方，也可能是供给方。然而从金融机构的作用层面来看，其功能依旧是金融中介，这些金融机构能够积极参与到碳交易之中，进一步成为价格的发现者，在整个碳交易过程中具有非常重要的作用。除此之外，个人作为投资者也能够参与到整个碳市场交易之中。

碳金融体系是实现低碳经济的重要途径，在将碳市场作为中心的金融链中，银行及非银行机构具有各自的任务和角色，以保障整个碳市场正常运行。

（1）商业银行。

商业银行在整个碳市场中扮演着关键性的角色。

首先，商业银行是低碳经济的支持者，其可以通过推出一些低碳信贷来支撑低碳发展。

其次，商业银行可以作为碳交易的投资方来投资碳基金，展开绿色风险投资，如推出一些和碳交易有关的理财产品。

再次，商业银行能够给碳排放配额交易提供完善的中介服务，对于银行来说其并不需要进行减排，银行在获得减排量以后，主要通过下述几种方式进行交易：一是将减排量交付给委托人，其中既有贸易商也有消费者；二是将减排量出售给贸易商；三是将自己持有的减排量应用到风险管理之中。当前，有部分资本运作资金流是碳信用，这时就有风险管理的需求。除此之外，银行的中介服务还包括交易顾问。例如，中国农业银行推出的"清洁发展机制顾问业务"是我国银行首次提供的碳交易相关的服务。

最后，商业银行可以创建碳银行：一种是和央行比较类似的银行，用来明确碳排放配额的具体上限数量，尽可能减少在短时间内对碳排放配额分配产生的影响，同时对整个碳市场进行组织，展开配额质押贷款、借贷和存储配额业务，让整个市场更加透明，使碳交易的功能充分发挥出来；另一种是为每位社会成员建立碳账户的私人银行。

（2）交易所。

交易所是买方和卖方进行公开交易的主要场所，也是具有高度组织化和集中度特点的平台，更是整个碳市场的中心。交易所应当为交易提供一些基础设施，设置明确的规则，对交易进行监督。在此基础上，交易所推出相关的产品，设计相应的标准，是一个价值发现的重要平台。除此之外，交易所通过公开共享市场信息，公布 CCER 的生产 / 认证 / 核发 / 碳排放配额挂牌交易量、交易价格、参与交易市场各行业的发展情况、参与交易市场各单位的生产经营状况和履约情况等数据信息，建立碳交易数据库与数据链，构建完全信息交易市场，为市场参与主体提供充足的信息支持及决策分析，并为公众监督市场交易提供平台。

（3）碳基金。

通常情况下，基金属于一种组合性投资，采用风险共担的投资模式。碳基金属于和碳减排量有关的基金项目，用于为一些项目提供充足的融资资金。按照资金来源、渠道的差异，碳基金主要可分为3种不同的类型：一是由世界银行等国际性金融组织所设置的基金，这种类型的基金属于整个市场的开创者，其重点工作在于对整个市场进行培育，指引整个市场的发展方向；二是由国家政府出资创建的基金，这种类型的基金主要从国外购买碳信用，从而满足国内的履约任务目标；三是私募基金及对冲基金，这类基金的创建者属于整个市场中的投资者或投机者，能够在碳市场交易的过程中取得一些经济利益，与此同时也承担着一定的市场风险，让整个市场具有更高的流动性，助推整个市场持续发展。

（4）证券市场。

证券市场的低碳化是未来的主流发展方向。证券市场低碳化具体体现在下述几个层面：第一，碳资产如果想要实现证券化，则必须重视证券公司，如碳资产管理公司的上市，以及上市公司得到的碳资产等；第二，证券公司需要展开新能源及低碳经济等方面的宏观行业分析，从而给投资者提供充足的理论决策指导；第三，证券公司还可以对一些相关企业进行投资，展开相关产品交易。

（5）评级机构。

碳交易的首要交易对象及交易产品为碳信用。虽然碳资产已成为企业资产的关键构成部分，但是因为气候变化问题及整个碳市场具有不可预料性，所以碳资产也成为企业的风险源，会对企业的信用造成影响，甚至会对企业管理者的决策产生影响。对于这些相关影响因素，评级机构应当展开评级。例如，标普等一些知名的评级机构非常关注碳市场，一些专业的碳金融机构也非常积极地展开了碳信用评级。除此之外，评级机构也可以对企业的财务状况、履约情况等进行评级，从而为商业银行开展质押、借贷业务提供依据。

（6）保险公司。

从宏观层面来看，气候变化及碳市场具有无法预料的风险，如一些重大的气候灾害会导致产生明显的经济损失。从微观层面来看，随着整个碳市场的持续发展，没有严格遵守合约的行为逐渐增多、企业对碳资产的不良风险管理需求逐渐增加、对碳交易金融衍生品的进一步开发，都会令碳市场中的风险转移需求越来越多。所以，保险公司参与到碳市场之中，设置和碳交易有关的保险产品是非常有必要的。当前在碳市场上活跃的保险公司主要为世界银行的多边投资担保机构（MIGA），以及国际金融公司（IFC）、瑞士再保险公司等传统保险机构。

（7）其他机构。

其他机构主要包括碳资产管理公司、第三方机构和碳金融数据信息服务机构等。

碳资产管理公司：碳资产管理公司属于整个碳市场的关键主体。一个完善的碳资产管理公司能覆盖碳市场所包含的所有咨询服务，主要有碳资产开发、碳项目信息咨询、企业融资及碳投资等。

第三方机构：第三方机构是对碳市场中的产品展开检验和审核的机构。这些机构在认证类型的范围之内，承担一定的监督及核查工作，是对减排工作进行监督及核查的关键部门。例如，对于CDM市场，第三方机构主要在审核过程中明确项目的合格性并展开项目登记，并且在项目的核证环节，核实项目的减排活动，同时提供CCER证明。

碳金融数据信息服务机构：随着碳市场的不断发展，利益相关主体对整个市场信息数据在深度和广度方面的需求越来越多，国内外的金融机构及碳减排组织所公布的报告没有办法充分满足市场中利益相关主体的需求，因此产生了碳金融数据信息服务机构。其中，不仅包括过去传统的信息服务机构，如摩根士丹利等机构；还包括一些专业化的碳金融数据信息服务机构，如碳点公司。这些企业会收集市场上的信息数据，创建市场数据库与数据链，建立市场模型，分析碳市场的发展趋势，同时公布一些研究报告，为市场的利益相关主体提供信息咨询服务。碳金融数据信息服务机构不仅能够给碳市场创造更大的价值，而且自身也能获得一定的利益，如碳点公司最终被路透集团所收购，而彭博有限合伙企业收购了新能源财经公司。

（8）个人。

作为投资者的个人，既可以成为碳市场中各种碳排放配额及其衍生品的购买者，在碳中和的影响下，个人也可以成为碳市场中减排量的购买者。

5. 公共大众

（1）被视作需求方的公共大众。

对于被当成消费者的公共大众来说，其需求进一步引发了产品的供给，公共大众拥有的生存权让自身变成温室气体排放和产生的源头。

（2）被视作管理者的公共大众。

随着公共大众对气候变化的深入认知，以及生态环境保护公众参与制度的逐步建立，公共大众在碳交易领域的参与越来越多。公共大众是交易市场的监督者，企业在消费生态产品而未支付等价成本时，会造成私人成本向全社会外溢，从而影响公共大众的公共利益。在碳市场中，公共大众要对企业的排放、碳排放配额的发放、碳排放配额及其衍生品的交易行为等进行监督，确保社会整体效益未受损。

（三）多方面的行为激励

1. 市场运转

政府旨在通过碳市场的高效运转，达到以较低成本实现减排目标的目的。因此，政府在参与市场交易时存在维持市场良性运转的行为激励。若要保障市场的高效运转，政府需要实行有效的监管和市场调控。政府监管包括对规制企业碳排放和履约等行为的监管、对市场交易过程的监管和对金融机构的监管等。政府的市场调控通过建立涨跌幅限制、进行风险警示、对异常交易进行处理等方式来确保碳市场稳定运行。政府在碳市场中扮演着极其重要的角色，政府的有效监管是碳排放总量控制目标完成的关键，但在调控过程中也需要把控好"度"，以便保证市场参与者的正常利益。

2. 消费需求

公共资源类生态产品的主要需求方是企业。由于企业在生产过程中需要消耗一定的生态产品，生态产品在企业的生产函数中是必不可少且不可替代的重要投入要素，因此，企业在参与市场交易时存在对生态产品消费需求的行为激励。在碳市场中，企业生产排放温室气体，对碳排放配额有着刚性需求。在此激励之下，企业既可以选择通过技术改造来降低碳排放，也可以选择在市场中购买碳排放配额。但是，当市场中的碳排放配额价格过高或供给不足时，企业只能选择停产、限产来实现履约。

3. 公共利益

非政府组织是不以营利为目的社会自治组织，具有明显的公益性。非政府组织在参与公共资源类生态产品的市场交易时以实现公共大众的公共利益为价值理念，主要动机是对自然价值的追求和社会责任感，即存在维护、保障公共利益的行为激励。在此激励之下，非政府组织会在碳市场中倡导和践行保护生态环境的价值理念，减少全社会对生态产品的消费，并积极协助政府增强全民环保意识、生态意识，培养社会生态道德和行为习惯，为公共大众提供生态环保类服务。

4. 经济动机

资本是逐利的，无论是金融机构还是个人投资者，他们都是在获取经济回报的经济动机激励下参与公共资源类生态产品的市场交易。碳金融展现出良好的经济收益，并在很多方面都呈现出不错的发展前景。依据过去碳排放配额金融衍生品的发展经验，随着碳市场金融化的不断深入，其获利空间也将增加，金融机构和个人投资者会积极参与市场交易，提升市场活跃度和碳排放配额价格。但当碳金融发展到较高层次时，也会增加碳市场出现泡沫的风险，从而可能给碳市场中的规制企业带来巨大的冲击。

5. 公共监督

公共大众对于生态产品的供给存在一定的需求，当其他市场主体过度消耗生态产品时，将影响公共利益，因此，公共大众在参与碳交易时存在公共监督以保障公共利益的行为激励。在因市场失灵和政策失效导致市场监管不力的情况下，公共监督可以弥补市场失灵、政策失效的缺陷。公共监督的主体应该是公共大众，就碳交易而言，行业协会、大众媒体、公民、法人和其他组织等都可以成为公共监督的主体。进行公共监督的前提条件是信息的对称性，即政府需要保障公共大众能够充分获取有效信息，赋予其参与和监督环境保护的权利，畅通参与渠道和诉讼渠道等。

（四）多形式的效益产出

1. 生态产品

在政策引导下，通过市场机制，可以促进企业减少对公共资源类生态产品的消费，并增加生态产品的供给。在碳市场中，非政府组织购买碳排放配额或CCER而不予以使用，以及企业通过实施CDM碳汇项目，都可以减少市场中碳排放配额生态产品的消费、增加市场中碳汇生态产品的供给。总之，市场机制可以产出生态产品数量增加的效益。

2. 公共福利

通过公共资源类生态产品的产权交易，边际治理成本比较高的企业将买进生态产品，而边际治理成本比较低的企业将出售生态产品，目的是让全社会总的环境治理成本最小化。而通过生态产品总量控制来限制生态产品消费，可为公共大众带来生态环境的公共效益。总之，市场机制可以实现低成本的高效减排，并产出公共福利效益。

3. 私人利益

在公共资源类生态产品的市场交易中，减少生态产品消费的企业和增加生态产品供给的企业通过出售生态产品，可以获取一定的经济收益。而对于金融机构和个人投资者来说，通过对生态产品的各类金融衍生品进行投资，也可以获取一定的经济收益。总之，市场机制可以产出私人利益效益。

四、路径与模式

在明晰生态要素产权基础的条件下，可以创建由配额及许可证等多种产权方式构成的生态资产产权交易体系，以及包含用水权、排污权等一些自然资源资产的交易机制，进而将公共资源类生态产品所具有的非市场价值转化为市场价值，使生态产品的价值不断增值，让生态环境保护拥有更多的资金获取渠道。从某个层面来看，公共资源类生态产品可以利用市场交易实现其价值，自然资源的产权交易可以看成通过政府创建的区域间生态产权交易体系，来确保整个区域间的生态系统处于动态平衡的状态，从而起到政府干预没有办法起到的效果。由于权属类的生态产品没有办法如同实物般完成交易，一般是在虚拟市场中进行权利的公开转让，因此需要创建和其相匹配的制度体系。本部分以碳排放权交易为例，研究公共资源类生态产品价值实现的市场交易路径、模式和技术体系，包括合理的排放总量限额、公平有效的配额分配、完善的市场交易机制、灵活的市场调节机制、严格的政府监管与核查、严厉的违法行为处罚。

（一）合理的排放总量限额

排放总量限额直接影响着碳排放配额的稀缺性、流动性及碳市场的整体活跃程度。如果总量设置得比较多，那么向市场中发放的配额非常充足，企业并不存在配额方面的压力，导致企业并不愿意积极地参与到市场交易之中，整体的市场交易活跃度会受到影响，无法达成减排的目标；如果总量设置得比较少，那么配额具有比较大的稀缺性，减排会花费较多的成本，甚至会高于企业的经济承受能力，无法让地区经济稳定发展。除此之外，还会导致企业出现惜售心理，最终使碳价格过高，整个碳市场同样也会处于不活跃的状态。

排放总量限额一般由区域间的碳排放及当地的发展情况决定，在进行设置的过程中不仅需要关注整个行业的碳减排潜力，还要关注企业能够承受的客观能力，（要精准评价企业达成目标需要承担的成本，同时将成本控制在企业的承受范围之内）。然而，当前我国并没有强制性的减排管理体系。除此之外，总量设置取决于系统性风险，并以此判断总量设置得是否严格。基于这种情况，当前的总量设置方式主要有下述两种：一是结合应当承担的减排义务来对总量进行设置，如EU-ETS（欧盟在对总量进行设置时，不仅关注承诺的具体履行，还希望能够通过增加减排目标来提升碳价格，从而使企业更加重视低碳技术的研发）；二是结合经济的发展水平及企业的综合竞争力等因素，合理考量总量控制与交易的成本和效益之间的关系，之后进一步给出有效的政策性选择。

目前，我国在排放总量限额设置方面存在的问题是没有明确在将来某段时间内保持不变或者下降的绝对总量减排管理目标。因此，在碳交易中也并未明确规定逐年下降的排放总量限额。总量设置是通过对各规制企业的分配配额和部分储备配额求和计算而来的，是一种自下而上的排放总量设定方式。在扩大生产时，由于产量的提高，采用基准线法和历史强度法分配配额的企业所获得的免费配额将会随之增加。此时，排放总量限额不降反增，碳市场并没有实现全行业的碳排放总量减排的管理目标。

总量控制是进行市场交易的基础，需要合理设置基准年限，并将总量划分为存量及增量两个部分：存量指的是在基准年限以前设施的碳排放量；增量指的是在基准年限以后新建设的设施的碳排放量。对于存量部分，需要设置明确的绝对总量目标，并且随着时间的推移执行要越来越严格，从而推动企业技术革新，以及利用一些低碳技术来完成低碳排放。对于增量部分，需要采用基准信用方式进行设置，例如，设置一个比较高的门槛，对于那些超出门槛的部分给予一定的碳排放额度，并允许其在整个碳市场中交易。另外，还需要设置某些特定的期限，在超过该期限后，让增量能够在一定程度上转变为存量，同时纳入总量限制，放到整个碳交易系统之中。划分存量及增量，能够有效地规避无法设置绝对总量的问题。此外，利用增量部分，能够给碳排放未来的增长提供预备空间，并且能对这些区域的发展进行有效限制。

在划分存量及增量的前提下，需要对存量进行一定的设置。另外，还要关注碳交易区域整体的经济发展情况、企业所具有的竞争力、产业结构和减排成本等自身特点，结合"十四五"经济发展目标，设置一个合适的排放总量限额。

（二）公平有效的配额分配

配额分配属于碳排放权交易机制的关键点，与机制的公平性及有效性紧密相关。配额分配需要探寻降低企业及区域经济转型成本的方式，尤其是受碳排放限制负面影响较大的企业和区域，以及在低碳技术方面投入许多研发资金的企业。在配额分配时，有以下 4 条基本准则：①尽可能降低碳交易体系对企业产生的影响，尤其是那些低收入的企业；②避免出现意外之财；③让低碳技术的投资获得增长；④确保整个市场具有较好的流动性。

拍卖分配是有偿分配方式，可以避免无偿分配所导致的意外之财。在碳市场运转的初期阶段，由于企业需要购买碳排放配额（这会提升企业的经营成本），企业不愿意接受，因此这种方式在初期阶段无法顺利发挥作用。无偿分配通常采用以下两种方式：一种是结合历史排放情况展开的祖父型分配；另一种是结合标杆排放率完成的分配（基准线分配）。对于祖父型分配，分配结果是历史排放较多的企业能够得到多数配额，历史排放较少的企业，可能在早期阶段使用了一些减排的技术，导致减排空间不大，并且减排的综合成本比较高，最终仅获得少数配额，产生了"鞭打快牛"的现象，造成了不公平。基准线分配是根据行业的特点，设定代表行业先进水平的百分位数，将该百分位数上的排放强度作为标杆排放率，结合此基准来对配额进行进一步的分配。相比较而言，祖父型分配没有很强的公平性，但是实际操作过程比较简单；基准线分配的公平性更强，但是操作起来比较复杂，并且企业的各种细分种类较多，不能采用"以偏概全"的方式，这就导致标杆排放率的设置相对复杂（要求充分掌握各行业的信息数据，需要对我国的许多细分企业单独设置基准线，这是一项非常困难的工作），所以基准线分配方式比较适合差异化较小且规模较大的特定行业运用。

基于我国的发展现状，碳交易机制的配额分配可以借鉴国际传统的配额分配方式：在市场创建的早期阶段使用祖父型分配，即根据企业的历史排放来免费发放初始配额，对同质化程度较高、数量较多的行业则采用基准线分配。随着碳市场逐渐成熟，要适时增加配额拍卖的比例，最终实现全部拍卖。在向拍卖分配方式转型过渡的过程中，要对可能因减排成本过高而转移到其他未采取碳减排措施的行业，制定一份"碳泄漏"清单，对清单中的行业，要延缓采用拍卖分配的方式来对初始配额进行分配。

专栏 2-4　拍卖分配

拍卖分配的关键在于对拍卖的方法进行合理的选择、对所得的资金进行合理的运用等，主要包括以下方面。

拍卖的时间和频率：要对比频繁拍卖所具有的优势及会产生的交易成本。频繁拍卖可以有效约束单次拍卖的配额数量，尽可能避免卖家利用拍卖的方式对整个市场进行控制。定期拍卖能够让配额具有更强的流动性，要避免在某些特殊的时间段产生大量的配额，从而对整个市场的稳定性造成干扰。

监督：需要设计一些监督的标准，对市场进行有效监督，同时让投资人的信心获得提升。

透明度：可以划分为交易前透明度与交易后透明度两个类别。

拍卖商：必须具备进行拍卖的综合能力，如拍卖的经验，以及是否具有从业证书、良好的信用等。

投标者：参与竞拍的投标者有两种：一种是拥有既定利益的实体，比如，受到政府规则的约束必须要提交配额的企业；另一种是市场中的所有参与主体，主要是个人及投资机构。

底价：底价客观地体现出了政府对价格的控制，这和完全市场机制是有区别的。

最高及最低投标数：单个实体能够购买的最大及最小投标数。设置最高投标数能够避免单个实体对整个市场形成操控或者出现串通的行为，不仅能够避免单个投标者影响某场拍卖，还能对一些购买大量配额的人员进行限制。最低投标数在那些刻意将某些实体进行排除的情况下适用，如果投标数比较低，则可能会导致拍卖的效率不高，会让行政管理成本明显提升。

清算和结算： 拍卖平台需要确保清算及结算系统的充分连接，从而有效处理拍卖所得，并对保证金及抵押物进行有效管理。拍卖所得的使用对于碳交易分配的结果会产生明显影响。一般来说，政府可能会将拍卖所得投入到新能源技术、低碳技术的研发和推广中；将这些所得资金投入到低收入群体因减排而增加的成本之上，比如，因为电价的提升导致的用电成本升高；应用到企业税收的减免上，降低企业因为扭曲性税收产生的压力，提升当地的企业综合竞争力。

（三）完善的市场交易机制

在整个市场交易机制中，应当创建完善的配额跟踪系统，即对配额从注册到转让、注销进行动态跟踪。该系统是碳交易机制的核心和基础。该系统的功能主要有账户的注册、账户的权限管理、账户的配额分配、配额的转让申请、配额的减扣和增加、账户内配额的变化信息通告、账户的关闭渠道等。

整个碳交易体系包括一级市场及二级市场。

碳交易的一级市场和普通的金融交易市场相比拥有明显的特点，碳交易的一级市场在透明度方面更加清晰。例如，EU-ETS的企业排放信息及配额分配信息是完全透明的。

碳交易的二级市场主要包括交易所交易及柜台交易两类。交易所交易能够开展现货交易，同时也可以使用碳交易的衍生品——碳期货交易和碳期权交易。碳期货交易，是碳交易实现金融化的客观体现，能够更好地发挥碳价格的作用，增强碳价格所具有的期货保值能力。

从某种程度上讲，碳期货交易会让参与者的数量增多，衍生化及杠杆的存在会让投资者更加感兴趣，并且让媒体的宣传度、碳交易体系的流动性获得提升，帮助碳金融业务持续发展；也能增强企业碳资产的价值，让企业获得更多的融资。

碳期权交易，从本质上看是一种提供给碳期货交易者的金融风险工具，利用期权及期货配额可以在一定程度上减少风险。

具有较强活跃度的碳交易，尤其是碳期货，是建立在可靠的 MRV 机制之上的。减排是否真实会对碳价格产生影响，这是所有交易者都非常关注的。碳交易的金融衍生化并没有技术上的障碍，碳从本质上看是人类制造的虚拟产品，拥有金融标准化特征。

（四）灵活的市场调节机制

市场调节机制主要指的是利用调节配额及限制价格波动等方式，确保碳排放配额的供给和需求处于平衡状态、防止碳价格产生过大的波动、提升整个碳市场的抗冲击能力的一种有效的政策工具，主要采用以下两种方式进行调节。

第一，价格波动限制。设置价格的上限和下限能够让价格的波动区间处于稳定状态，在一定程度上降低市场风险。

第二，配额供给调整。调整方式有投放及回购两种。碳银行为市场的独立部门，结合事先设定的规则，利用配额的总量调整来确保碳价格处于稳定的波动区间，这与央行通过对货币的供给控制来确保市场通胀稳定类似。该机制是由 EU-ETS 提出的，其关键是：如果市场的配额比较少，则需要结合一定的标准给市场提供配额；如果市场的配额比较多，则需要使用一定的方式降低整个市场的配额供应。若配额在未来几年内都没有被有效使用，则需要在将来的一定期限内将同等数量的配额从总量中清除，碳交易体系是一个不能够有过多储备的体系。

（五）严格的政府监管与核查

政府监管与核查是运用碳交易机制的基础。碳市场的关键技术是对碳排放的动态监测，并实现"三可"（可测量、可报告、可核证）。目前，我国碳交易建立了 MRV 机制，即对企业碳排放及履约情况进行核查。但是，我国的 MRV 机制仅依赖第三方机构核查企业的碳排放报告，缺少政府相关主管部门的监管，其核查结果自然缺乏公信力。生态环境部在发布的《碳排放权交易管理办法（试行）》中规定了由地方生态环境主管部门对重点排放单位的碳排放和履约情况进行监督检查。然而，由于地方生态环境主管部门的监管力度不够、检查频次较低，并且对虚报、瞒报碳排放报告的重点排放单位仅处以 1 ~ 3 万元的罚款，造成企业违法成本较低，数据造假的成本较低。全国碳市场原定于 2021 年 6 月 25 日开市，但由于相关数据在核查过程中暴露出的问题等原因，推迟三周才正式开市。2021 年 7 月 6 日，内蒙古生态环境厅通报了鄂尔多斯高新材料有限公司虚报碳排放报告的案件，该案件也是全国首例公开披露的碳排放报告造假案件。

MRV 机制是在气候框架协议之下的一种检查及计量工作机制。MRV 机制的首要原则是可靠、高效和可信。可信指的是，MRV 机制所测量的排放数据必须是真实的。可靠指的是，MRV 机制的成熟度及稳定度需要有保障。高效指的是，MRV 机制生成的报告及核验的数据需要具有较高的时效性。在该机制下，企业自行监测并提交年度碳排放报告，由第三方机构对企业的碳排放报告进行核查并出具核查报告，政府对企业的碳排放报告和第三方机构的核查报告进行抽查。同时，鼓励公共大众参与监督。

MRV 机制的构建主要包含以下几个层面的内容：企业需要生成统一标准的电子报告；企业需要设置监测计划，并且监测计划需要满足 MRV 机制中的相关规定，以及获得政府的核准；政府提供监测计划的范式样本，并且将其提供给企业；企业上报的电子报告需要通过政府的审核；政府需要对第三方机构进行培育，让第三方机构参与到核查之中；政府负责监管与抽查。

核证机构的综合道德素养是 MRV 机制最终能否获得成功的关键影响因素。在整个 CDM 机制中对核证机构的审核相当严格，使得当前的核证机构数量不多，出现了项目延期及工作压力大的问题，但是也确保了核查报告具有较强的规范性。

（六）严厉的违法行为处罚

处罚机制是确保碳交易体系正常运行，最终达到减排目标的根本保障。处罚主要有两种类型：一种是补偿，另一种是罚款。

补偿指的是让那些没有按照约定上缴足额配额的规制企业在下一年度补交相应的配额，或者从履约账户中直接减扣配额。这代表着就算违约企业上缴了罚款，依旧需要提交相应的配额。

罚款指的是让那些没有足额提交配额的规制企业根据罚款的标准强制性征缴的资金。

补偿的配额数量既可能和上一年亏空的配额数量相同，也可能是上一年亏空的配额数量的数倍。罚款的标准不能设置得太低，否则，违法成本较低，将无法对企业形成有效约束力，变相激励企业违法。

补偿的相关标准需要结合各个区域的碳交易体系的配额分配及整个碳市场的供给和需求关系设置。假如总量设置得相对严格或者整个碳市场在供给方面非常紧张，则可以尽可能地降低补偿的标准，让那些没有上缴足额配额的规制企业补充同等的配额即可；假如配额的总量设置得比较宽松，或者配额分配时采用的是无偿分配方式，则可以让那些没有达成减排目标的规制企业补足相应倍数的配额。另外，罚款的标准也可以与此类似，约为配额市场平均价格的 5 倍。

五、对策措施

（一）完善生态产品权益交易法律体系

欧盟、韩国和美国在各自生态产品权益交易市场开启前，均已完成立法等相关工作。我国现行的生态产品权益交易法律效力等级较低，并且法律体系不完善。以碳交易为例，相关法律法规仅包括生态环境部和试点省市颁布实施的《碳排放权交易管理办法》。因此，建议我国尽快制定效力等级较高的法律作为上位法，明确各参与主体的职能和责任，并对排放总量限额、覆盖范围、配额分配、履约体系、交易规则、风险管理、监管体系、处罚办法和法律责任等规则提出一般框架性要求；出台效力等级较低的行政法规、条例和办法等作为下位法，对生态产品权益交易机制框架下的各政策要素进行详细说明和解释，充分考虑市场运行过程中可能出现的各类情况，规定具体的实施细则和办法。

（二）推进生态产品权益交易市场金融化

一是挖掘公共资源类生态产品的金融属性。积极推动配额证券化，提升市场的流动性和活跃度。构建配额远期交易、配额质押、借碳、配额回购、碳基金、碳债券、配额托管、配额资产管理计划等各类配额衍生品和交易方式。

二是鼓励机构和个人参与生态产品权益交易。鼓励银行、证券公司等各类金融机构参与配额市场交易，积极引入投资、管理、咨询等中介机构，鼓励个人参与配额交易市场。

三是完善配额价格调控措施。在设置涨跌幅限制的基础上，限制企业、机构和个人的最大持仓量。研究制定配额价格的稳定机制，科学设定稳定机制的触发条件。当配额价格超出合理范围时，可通过拍卖预留配额和政府回购配额的方式稳定配额价格。

（三）强化生态产品消费的监管核查

一是加强监管力度。加强对规制实体的检查频次，对有违规违法行为的实体实施全流程监督和动态监控，并向社会公众公开监督检查结果。

二是加大处罚力度。加大对违规违法行为的追责力度，对弄虚作假的实体和第三方机构处以高额罚款，并列入失信企业（人员）"黑名单"，取消机构的核查资格，没收其违法所得。

三是将在线监测和核算方法相结合。对规制实体安装实时监测系统，实时在线监测规制实体的生态产品消费，并将数据报送至监管部门。监管部门利用核算方法，定期抽查规则实体对生态产品的消费，确保监测数据真实、可靠。

（四）优化生态产品总量设定与配额分配

一是参照规划目标设定排放总量限额。以碳交易为例，应参考碳达峰目标设定排放总量限额，碳交易试点应根据各地区的碳达峰路线图、施工图，制定逐年下降的排放总量限额，通过碳市场推动行业和区域碳达峰。

二是自上而下与自下而上相结合设计分配方案。充分考虑总量减排目标和行业实际减排潜力，科学制定行业市场调节因子、控排系数和基准线，分配配额总量既要在排放总量限额内，也要满足企业的基本需求。

三是各行业因地制宜地制定配额分配方式：对工艺流程差异较大的行业，采用祖父型分配方式；对于工艺流程差异较小的行业，采用基准线分配方式；适时探索拍卖、固定价格出售等有偿分配方式。

（五）推动生态产品权益交易信息化建设

交易所应及时公开市场信息，公布一级市场生态产品的供需情况及二级市场生态产品的挂牌交易量、交易价格、参与交易市场各行业的发展情况、参与交易市场各单位的生产经营状况和履约情况等信息，构建完全信息交易市场。另外，相关金融机构应向市场提供数据信息支撑服务，发布生态产品权益交易市场发展报告，建立市场数据库与数据链，或者在大型数据库（万德数据库等）中建立生态产品权益交易板块，收集市场数据信息，研判市场动向与价格走势，发布研究报告和行业动态，提供决策咨询服务，通过为市场参与主体提供充足的信息来支持其决策分析。

参考文献

[1] 李维明，俞敏，谷树忠，等.关于构建我国生态产品价值实现路径和机制的总体构想 [J].发展研究，2020（3）：66-71.

[2] 廖卫东.我国生态领域产权市场的优化——以自然资源产权与排污权为例 [J].当代财经，2003（4）：25-29.

[3] 刘方笑，朱锡平.论我国生态产权制度的市场化改革 [J].经济体制改革，

2007（5）：49-52.

[4] 刘磊，周永锋，刘冬.欧盟碳排放交易体系建设经验及启示[J].金融纵横，2021（6）：42-48.

[5] 马中.环境与自然资源经济学概论（第三版）[M].北京：高等教育出版社，2019.

[6] 马中，DUDEK，吴健，等.论总量控制与排污权交易[J].中国环境科学，2002，22（1）：89-92.

[7] 潘晓滨.韩国碳排放交易制度实践综述[J].资源节约与环保，2018（6）：130-131.

[8] 齐绍洲，王薇.欧盟碳排放权交易体系第三阶段改革对碳价格的影响[J].环境经济研究，2020，5（1）：1-20.

[9] 沈啟霞，赵长红，袁家海.欧盟碳市场对中国碳市场建设的启示[J].煤炭经济研究，2021，41（4）：44-49.

[10] 孙峥，郭婷珍.加强碳市场监管机制建设 保障碳市场健康有效运行[J].中国经贸导刊，2018（29）：67-69.

[11] 唐兵.公共资源的特性与治理模式分析[J].重庆邮电大学学报（社会科学版），2009，21（1）：111-116.

[12] 唐潜宁.生态产品的市场供给制度研究[J].人民论坛·学术前沿，2019（19）：112-115.

[13] 王万山.中国资源环境产权市场建设的制度设计[J].复旦学报（社会科学版），2003（3）：67-72.

[14] 王丛虎，门理想.公共资源配置方式的变革逻辑及历史验证——基于公共资源交易价值的理论视角[J].公共管理与政策评论，2021，10（3）：92-106.

[15] WEN Y, HU P, LI J, et al. Does China's carbon emissions trading scheme really work? A case study of the Hubei pilot[J]. Journal of Cleaner Production, 2020, 277（12）：124-151.

[16] 文扬，王丽，高国力.关于完善我国碳市场的若干思考[J].中国经贸导刊，2022（3）：52-54.

[17] 杨婕婷. 金融机构参与碳金融的思考 [J]. 时代金融，2016（3）: 51-52.

[18] 姚从容. 重新解读"公共的悲剧" [J]. 财经理论与实践，2004，（4）: 17-22.

[19] 姚丽. 环保 NGO 参与生态环境保护的价值、困境与出路 [J]. 农村经济与科技，2020，31（9）: 69-71，120.

[20] 俞敏，李维明，高世楫，等. 生态产品及其价值实现的理论探析 [J]. 发展研究，2020（2）: 47-56.

[21] 曾贤刚，虞慧怡，谢芳. 生态产品的概念，分类及其市场化供给机制 [J]. 中国人口·资源与环境，2014，24（7）: 12-17.

[22] 赵文娟，宋国君. 美国区域排污权交易市场"RECLAIM 计划"的经验及启示 [J]. 环境保护，2018，46（5）: 75-77.

专论三

俱乐部产品类生态产品价值实现研究

摘　要

　　俱乐部产品类生态产品是指消费上具有排他性和非竞争性的生态产品，主要以生态文化旅游、生态修复开发与流域横向生态补偿等为主要形态。本专论辨析了俱乐部产品类生态产品价值实现的形成机制，梳理和归纳了发达国家俱乐部产品类生态产品价值实现的经验及启示，设计和分析了包括参与主体、利益博弈、投入环节、增值环节和收益环节等在内的俱乐部产品类生态产品价值实现的机制，提炼和阐述了俱乐部产品类生态产品价值实现的三大路径和六大模式，提出了以做实数据链、强化产业链、补全金融链为主的俱乐部产品类生态产品价值实现的政策措施。

　　俱乐部产品类生态产品价值实现是生态产品价值实现的主命题，需要政府与市场两种机制同时发力、相向而行，具有多主体、多要素、多环节共同参与的特征，对于探索多尺度、多场景、多形态生态产品价值实现的机制意义重大。

一、理论基础

生态产品价值实现既遵循经济学的基本规律，也反映新时代生态文明理论的实践诉求，是经济学基础理论在中国实践场域的嬗变升级。俱乐部产品类生态产品聚焦消费上具有排他性和非竞争性的生态产品，以公共物品理论、公共选择理论和布坎南模型为基础理论依据，剖析俱乐部产品类生态产品的微观基础，辨析俱乐部产品类生态产品价值实现的形成机制，厘清其中的关键环节，探索可能的价值实现路径和模式，从而构建起扎实的理论基础。

（一）内涵、形式和特征

1. 俱乐部产品类生态产品的内涵

俱乐部产品类生态产品不仅是具有俱乐部产品特征的生态产品，更是在一定范围的消费排他性下不妨碍其他消费者同时消费的一类生态产品。排他性和非竞争性是俱乐部产品类生态产品的关键词，突出反映了其在空间上或权属上的消费排他性，以及在一定时间周期内权利上的消费非竞争性。空间上或权属上的消费排他性是指，这类生态产品往往具有较为清晰的权属关系和空间边界，比如一片可供观赏的山林、一处可以休憩的公园、一座经过修复而开放的废旧矿山等；而权利上的消费非竞争性是指，消费者一旦支付相应代价、获得俱乐部产品类生态产品，不同消费者的权利就没有差别，都可以无差别地进行消费享受。

2. 俱乐部产品类生态产品的形式

俱乐部产品类生态产品有公园景区类、生态修复类和流域横向生态补偿类等多种形式。公园景区类生态产品是最典型的俱乐部产品类生态产品，具有清晰的空间边界和权属关系，通过向游览者售票获取收益的方式实现对公园景区的保护与开发。而消费者在支付一定费用进入公园景区后，能够排他性地享受由公园景区运营方"开发加工"的美景（相对未支付费用的人员），同时每个进入公园景区的消费者在享受生态产品和服务的同时，并不影响和排斥其他消费者，因此其消费的排他性和非竞争性较强。生态修复类生态产品在空间边界上较为清晰，但其权属关系不如公园景区类生态产品清晰。其价值实现可以通过委托运营形成景区的方式走市场化道路，也可以通过增益周边地价的方式获得补偿，其消费的非竞争性较为突出，而排他性视实现路径的不同强弱有别。流域横向生态补偿类生态产品的空间边界通常以行政边界为准，但权属关系难以分段分割。其消费的排他性较弱，即作为生态系统的一部分，难以进行垄断和清晰界定；消费的非竞争性也较弱，即上下游之间、上下风向之间的取水用水量、空气质量等都受到彼此的影响。

3. 俱乐部产品类生态产品的特征

权属具有多层次性。从权属关系看，俱乐部产品类生态产品是国家或相关组织（国有企业、村集体等）在保留所有权的前提下，通过让渡使用权、经营权、收益权等权益，形成的一类"全民委托—政府代理—市场运作"的生态产品。这意味着俱乐部产品类生态产品往往具有双重委托代理关系，即俱乐部产品类生态产品作为自然生态环境中的一部分，在我国归全民所有，由政府统一代表全民行使权利人职责，这是第一层委托代理关系；政府将一定范围的公园景区、生态修复地等委托给市场化机构运作属于第二层委托代理关系。在双重委托代理关系中，政府既扮演了代理人的角色，也扮演了委托人的角色，既是全民所有的自然生态资产的实际权利人，也是委托市场化机构运作的"甲方"，面临着"被监督"与"监督"的双重使命。因此，政府极其重要，关乎俱乐部产品类生态产品能否很好地实现价值。

生产和消费具有空间唯一性。不同于私人产品类生态产品的生产可分工、消费能独立等特征，俱乐部产品类生态产品的生产和消费具有典型的唯一性，即生产和消费都要在特定空间内实现，而不能脱离这一空间单独或双向独立。这就意味着，俱乐部产品类生态产品的产业开发，难以借由区域之间存在的劳动生产率差异进行功能分工来赚取收益，只能在特定空间下延伸产业链，通过打造可识别、有影响力的 IP，孵化文创产品，带动工业发展；通过在特定空间内的体验农业、高端农业，带动农业发展。

消费具有连续性，供给具有有限性。俱乐部产品类生态产品的空间唯一性决定了其供给的有限性。同时，俱乐部产品类生态产品的消费在时间上是连续的，只要不存在特殊自然灾害、特殊天气等不可抗力，原则上就不能阻止消费者在同一时段进行消费。俱乐部产品类生态产品的供给是有限的，而从理论上讲，消费是无限的，这就意味着消费的非竞争性是有条件的，即存在空间和时间上的相斥性。

（二）俱乐部产品类生态产品价值实现的理论溯源

1. 公共产品理论

公共产品（Public Goods）一词最早由林达尔（Lindahl）在《公平税收》（1919 年）中提及。但早期研究者如休谟、斯密等，虽未提及这一词汇，却也针对事物的公共性论述了公共产品问题。之后，萨缪尔森分别在 1953 年和 1954 年发表的两篇论文中对公共产品理论加以分析。萨缪尔森主张，具备非排他性和非竞争性的产品即为公共产品，但其将所有产品分为纯私人产品和纯公共产品，则有失偏颇。不过，公共产品的特征和划分方法历来备受学者重视。例如，马斯格雷夫（1959 年）将产品分为公共产品（纯）、私人产品、混合产品和有益产品；奥斯特罗姆夫妇（2000 年）将产品分为私益物品、收费物品、公共池塘物品和公益物品。

传统理论认为，市场失灵的存在导致市场不能有效供给公共产品，政府就负有供给的责任。而科斯在 1974 年发表的论文《经济学上的灯塔》中以事实为基础说明在公共产品供给中可以引入市场机制的概念。另外，即使公共产品在供给中出现"政府失灵"问题，则可帮助研究者探讨在政策之外合理供给的方法与管理模式。例如，德姆塞茨（1970 年）认为只要具有排他性技术，私人企业也可以有效供给一些公共产品；韦斯布罗德（1974 年）主张由第三部门，即非营利部门提供公共产品，并论证了政府和第三部门的合作互补关系；奥斯特罗姆夫妇（2000 年）提出了多中心供给理论。

2. 公共选择理论

公共选择理论是一门介于经济学和政治学之间的新学科。它遵循微观经济学的基本假设（尤其是理性人假设），将微观经济学的基本原理和方法作为理论分析工具，研究和刻画政治市场的主体行为和运行，从而说明受制于个人的不同偏好，在不同的期望效用的影响下，人们如何作出符合自身收益最大化的政治选择。公共选择过程，可以理解为人们提供什么样的公共物品、怎样提供和分配公共物品，以及设立相应匹配规则的行为与过程。通过对公共选择理论进行深入研究并将研究成果运用到公众选择流程中，实现社会效应的最优化。

3. 布坎南模型

桑德拉和谢哈特在考察俱乐部理论的文章里，是这样给俱乐部下定义的："一个群体自愿共享或共担以下一种或多种因素以取得共同利益：生产成本、成员特点或具有排他性利益的产品。"詹姆斯·布坎南第一次使用模型（被称为布坎南模型）研究了自愿俱乐部的效率和性质，解释了非纯公共物品的配置：如果对具有排他性特征的公共物品的技术和偏好聚类，使得在一个给定规模的社会中形成很多最优构成的俱乐部，那么由个人自愿结社形成的俱乐部是这些具有排他性特征的公共物品的最优配置。

（三）俱乐部产品类生态产品价值实现的形成机制

1. 考虑供需双方特征与诉求的参与主体

俱乐部产品类生态产品供给方的特征与诉求如下。俱乐部产品类生态产品供给方包括政府、国有平台公司和市场化企业。

政府作为供给主体时，将优先考虑俱乐部产品类生态产品的公益性、整体性和长期性，特征是在供给时往往追求数量众多和结构丰富，诉求是基于"算大账、算远账"的考虑，把俱乐部产品类生态产品的收益放置在城市经济长远发展的大目标下，通过由生态环境改善带来的人口流入、内需消费提升和经济实力增长而获得收益。

国有平台公司作为供给主体时,既要通过政府对其保护修复生态环境的考核,也要满足国家对其资产保值增值的要求,特征是供给的相对多元性和单一性结合,诉求是实现生态收益和经济收益统一,收益来源既可以是市场化运作,也可以是政府的财政补贴。

市场化企业作为供给主体时,将优先考虑俱乐部产品类生态产品的经济收益,特征是供给单一化和最小化,诉求是在不破坏生态产品本底的情况下尽可能地进行全面开发,从而尽快收回成本,实现收益。

俱乐部产品类生态产品需求方的特征与诉求如下。俱乐部产品类生态产品需求方包括当地居民和外来游客。

当地居民作为需求主体时,特征是消费具有固定性和长期性,诉求是在整个生活或居住周期内享受俱乐部产品类生态产品,带来的结果便是他们对生态本底的保护诉求大于开发诉求,既要享受"近在咫尺"的日常消费,也要享受由生态环境改善带来的地价增值和收入提升。

当外来游客作为需求主体时,特征是消费具有随机性和一次性,诉求是在短时间内享受到更多的俱乐部产品类生态产品,结果便是他们对俱乐部产品类生态产品的开发诉求远高于保护诉求,其消费属性明显强于当地居民。

2. 基于消费周期的俱乐部产品类生态产品偏好分析

消费周期的差异决定了消费者对俱乐部产品类生态产品的偏好差异。消费周期越短,消费者越关注短期内消费的成本和收益,即充分权衡短期内是否可以用最小的成本实现消费效用的最大化。随着消费周期的拉长,消费者将从整个居住或生命等更长的周期内考虑消费的成本和收益,更关注整个消费周期的平均收益和总收益情况。这就意味着,在不同的消费周期下,不同消费者考虑的成本和收益周期是有差别的,要充分考虑不同消费者作出理性决策时的角度,即是从边际收益和边际成本的角度考虑,还是从平均成本和平均收益的角度考虑,或者是从总收益和总成本的角度考虑。

在一定时间内,一次性消费者(如短途游客)对俱乐部产品类生态产品的消费偏好是边际成本和边际收益的均衡点。当消费者在一定的时间内只消费一次俱乐部产品类生态产品时,他的消费偏好是这一次消费能带来的最大效用,即他会考虑一次消费的成本和效用，即俱乐部产品类生态产品的边际成本和边际效用。

在一定时间内，多次性消费者（如度假型游客）对俱乐部产品类生态产品的消费偏好是平均成本和平均收益的均衡点。当消费者在一定时间内多次消费俱乐部产品类生态产品时，他的消费偏好是多次消费能带来的最大效用，即他会综合考虑多次消费的成本和效用，即俱乐部产品类生态产品的平均成本和平均效用。

在较长时间内，重复性消费者（如周边居民）对俱乐部产品类生态产品的消费偏好是总成本和总收益的均衡点。当消费者在较长时间（居住或生命周期）内重复消费俱乐部产品类生态产品时，他的消费偏好是这一段时间内消费能带来的最大效用，即他会综合考虑这一段时间内消费的成本和效用，即俱乐部产品类生态产品的总成本和总效用。

3. 俱乐部产品类生态产品价值实现的关键环节

俱乐部产品类生态产品价值实现的关键环节包括保护修复、确权定责、价值评估、委托运营、收益反哺等。

保护修复是俱乐部产品类生态产品价值实现的基础，是实现后续环节的前提。未经良好保护和生态修复的生态产品，很难获得不同主体的共同认可及赋权增值。

确权定责是俱乐部产品类生态产品价值实现的重要前提，只有明确俱乐部产品类生态产品的范围和边界，明确不同主体的权利、义务关系，才能进行公正的价值评估和委托运营。

价值评估是俱乐部产品类生态产品市场化价值实现的"前奏"，即采取类似影子价格法、工程替代法、价值再现法等方式，科学合理地明确俱乐部产品类生态产品的价值。

委托运营是俱乐部产品类生态产品市场化价值实现的核心，是找到合适的运营主体将俱乐部产品类生态产品统一进行经营开发的主要措施，也是从市场上收回保护和修复等投入的必经环节。

收益反哺是俱乐部产品类生态产品市场化价值实现的归宿和目的，能够保障俱乐部产品类生态产品价值的持续实现。

4.俱乐部产品类生态产品价值实现的模式和路径

根据市场化程度的差异，俱乐部产品类生态产品大致被划分为完全市场化的公园景区类、部分市场化的生态修复类、模拟市场化的流域横向生态补偿类。完全市场化的公园景区类生态产品，其价值实现的模式和路径一般是特许经营，即通过门票收入和文旅产品开发等方式获取收益。当然，位于城市化地区的公园景区类生态产品也可以免费对市民开放，其获得收益的模式和路径则是依托周边地价的升值让政府获得"总体财政收入"。

部分市场化的生态修复类生态产品因为需要政府或国有企业在前期投入大量资金，所以其价值实现的模式和路径一般是企业建设、政府委托经营，即通过农业发展、林下经济、文旅观光、特殊利用等方式获取收益。

流域横向生态补偿是在不同地区，特别是上下游流域之间根据生态环境指标变化而进行的互相价值补偿，一般由地方政府作为流域或区域的代表进行补偿标准和数额等的谈判，而谈判则会依据市场价格进行相互博弈，尽量模拟市场得到公正合理的结果。因此，模拟市场化的流域横向生态补偿类生态产品的价值实现，主要依靠不同地区的货币化、产业帮扶、园区建设等方式进行；或者成立流域或区域的市场化治理机构或基金，上下游或不同区域之间分别参股，之后进行统一的治理和修复，从而实现流域或区域内水、空气、森林等生态产品的可持续发展与利用。

二、国际经验

发达国家对俱乐部产品类生态产品价值实现有着较为丰富的经验，不仅探索了生态修复、环境保护、经济发展、机制设计、利益共享等价值实现的多重环节，还形成了各具特色的模式和路径，能够为我国俱乐部产品类生态产品的价值实现提供有效参考。

（一）公园景区类生态产品的国际经验

1. 美国国家公园——特许经营制度

国家公园内的特许经营是指国家公园管理体系以外的主体通过租赁、合约、许可等方式在国家公园内进行的商业经营行为。美国率先对国家公园特许经营制度进行了探索，具有代表性。1965年，美国国会颁布了《国家公园管理局特许经营政策法案》，提出了管理者的收入与经营状况无关；1998年，美国国会审议颁布了《改善国家公园管理局特许经营管理法》，确定了转让的原则、办法、流程等，同时还提出了成立特许经营监管委员会、确立特许经营协议制度和完善特许经营费标准的建议。美国国家公园特许经营的内容是禁止消耗自然生态资源，具体形式为公园内的商店、餐厅、宿舍、厕所等基本服务设施，以及垂钓、野营、自行车等休闲服务设施。美国国家公园特许经营的协议包括运营的方方面面，如运营发展规划、业务功能和服务质量、产品和劳务价值、运营中心的发展规模、技术保障条件、食品卫生安全和明令禁止的行为等。同时，根据特许经营协议的约定，经营主体还应承担规定范围内的商业服务设施、公共用地等的维护和整治；经营主体依照约定，每月需向当地经济主管部门缴纳特许经营费用。在综合考虑合理收益情况和合同规定条件的基础上确定费用缴纳标准，除按照约定应尽的义务外，费用通常占经营主体当年净利润的3%～5%，也可以按照经营主体的实际状况（特殊贡献）加以调节。特许经营费用和有关补贴统一存入美国财政部的专门账户。

2. 法国度假型公园——摩泽尔中央公园

中央公园于1967年在荷兰"诞生"，原本是设在城市近郊的"度假酒店"，当时被称为"森林中的别墅"，后来其规模进一步扩大，并加入了大量的休闲游乐互动项目，至1980年，其已成为全天候的一站式度假基地。如今，中央公园遍布欧洲，成为世界上非常流行的家庭短期度假基地。摩泽尔中央公园位于法国摩泽尔省的哈克林斯森林里，占地约4.35平方千米，建成于2010年，是目前欧洲最大的中央公园。园内由住宿设施、水世界、自然环境（如森林）、各种活动和商业设施五大板块构成，使不同年龄的旅游者均可寻找到适合自己的娱乐项目。在商业经营上，其独创的全天候、3 小时度假圈、家庭分时度假、绿色生态开放的经营模式和理念在欧洲颇受欢迎。尽管摩泽尔中央公园现在已经颇负盛名，但不断的迭代升级依旧是其发展的主基调。除普通"木屋"式民宿外，其还陆续扩建了 30 多栋亲子主题小屋。摩泽尔中央公园还和欧洲著名的水疗品牌合作，升级打造了轻奢的水疗中心。

3. 美国城市公园——高线公园

高线公园，位于曼哈顿岛西区一段废弃了近 30 年的高架铁路上，高出街道平面约 9 米。经过多次改造，高线公园于 2009 年 6 月向公众开放，成为纽约最具人气的城市休闲公园之一。据美国官方统计，高线公园总长约 2.4 千米，跨越 22 个街区，沿途种植的各类植物超过 350 种，年接待游客量超过 700 万人。高线公园的改造，不仅留下了鲜明的城市发展烙印，还为人们创造了一座拥有更多室外游憩空间、富有创造性的新乐园。值得一提的是，它的出现带来了更多的工作机会和经济效益：高线公园共提供了超过 3.9 万平方米的办公空间、12000 个工作机会，吸引了谷歌等科技企业，阿玛尼、玛珀利、托德斯等世界时尚品牌企业总部，以及时代华纳、CNN 等众多文化娱乐类企业总部的入驻。此外，高线公园在旺季的日客流量约为 6 万人，是很多商业活动和娱乐活动的理想场地。因此，高线公园还提供公园内面向其他组织和个人的场地租赁服务，用来举办各类时装发布会、商业品牌活动等，场地租赁收入一年可达 45 万美元。

（二）生态修复类生态产品的国际经验

1. 英国矿山修复——伊甸园植物园

伊甸园植物园原是一个大型的白色黏土矿坑，曾为英国贡献了 160 年的黏土资源。这里以前十分荒凉，1981 年英国广播公司（BBC）甚至在矿区拍摄了以地外行星为背景的电视剧。20 世纪 90 年代中期，这里的黏土终于被挖得一干二净，而整治这片丑陋荒芜矿区的任务，也最终被提上了当地政府的工作日程。1996 年，当地政府开始酝酿并提出了综合治理实施方案。1998 年，矿区的综合改造工程开始破土动工，整个建设过程历时两年半。矿区于 2001 年 3 月向公众开放，它以宽阔的视角和充满想象力的景观设计，征服了四方游人。矿坑底部的主体建筑物，是两个由独特的聚碳酸酯材料构成的巨大球形穹丘笼罩的生态温室：一个温室里是热带生物群落，占地面积约 15600 平方米（55 米高），热带植物包括香蕉、咖啡和橡胶等，里面的湿度和温度常年保持在热带水平；另一个温室里是地中海生物群落，占地面积约 6540 平方米（35 米高），植物以橄榄、葡萄等温带植物为主。室外花园还种植了茶、薰衣草、啤酒花和向日葵等来自世界各地的植物。此外，这里的雨水被收集起来用于冲洗卫生间，设施用电则来自附近康沃尔郡的风力发电机。伊甸园植物园因此成为英国最热门的旅游胜地之一，每年都吸引数以百万计的游客流连忘返，为当地吸金无数。

2. 澳大利亚巴尔噶煤田修复——种葡萄、采矿两不误

地广人稀的澳大利亚是世界领先的地质勘探和采矿大国，拥有储量丰富的矿物资源。该国为保护矿区环境，多年来颁布了《采矿法》《原住民土地权法》《环境保护法》《环境和生物多样性保护法》等法律。地方各级政府管理机构致力于将环境治理贯穿于矿业生产的全过程，使矿业生产活动对自然环境的危害降至最低。澳大利亚在监督检查与责任追究方面的一个特点就是推行土地复垦保证金制度，将必须交纳的保证金按每年扩大利用的土地面积计算，已复垦的面积还可以按百分比扣除破坏的土地，以作为奖励。20 多年前，当时瑞士的矿业巨头超达公司在澳大利亚新南威尔士州的猎人谷申请了巴尔噶煤田勘探许可证，但是这块煤田的开采引发了当地民众的担忧，因为这里是澳大利亚最著名的葡萄酒产区之一，煤田上方有 40 块商业葡萄园地块，也是河道区域。鉴于在葡萄园下方开采煤矿在澳大利亚尚属首例，超达公司在巴尔噶煤矿实施了一项葡萄园观测项目，并成立了一个专业的项目管理队伍和一个社区咨询委员会，在矿井旁边建设了一座模拟葡萄园，以跟踪葡萄种植的情况，并评价和持续观测葡萄园对基础构造下沉的危害程度，这一行动获得了较好的社区反应。

3. 美国城市公园修复——布莱恩特公园

布莱恩特公园的面积约为 3.8 万平方米，位于纽约公共图书馆附近，北面与时代广场繁华的街道和商业区相连，是高楼耸立的市中心的一小块绿洲。布莱恩特公园是城市开放空间改造上的一个优秀案例，这得益于评论家威廉·怀特加入了公园的重整工作。但该公园所获得的成功在很大程度上也是因为其独特的运营与维护策略——布莱恩特公园是"公共财产私有化"和"私有化运营"的典型案例，是美国"公地私用"试验中规模最大的一次，影响了很多城市社区公园的运营。就公园修复来说，布莱恩特公园的土地属于政府所有，但新成立的私人公司布莱恩特公园改造公司进行了具体监管。在私人公司的主导下，布莱恩特公园筹集了来源于当地商人、附近企业和私人的捐款，以及公园的活动收入等资金，花费170 万美元进行翻修并提升营商环境，2 年后，公园周边地价及租金增加了 60%。

（三）流域横向生态补偿类生态产品的国际经验

1. 德国易北河流域生态补偿——设立双边专业小组

易北河是欧洲一条著名的河流，上游在捷克，中下游在德国。20 世纪 80 年代，由于两国所处的发展阶段不同，易北河生态环境污染严重，对德国造成了严重的负面影响。从 1990 年起，德国和捷克达成协议，联合采取措施整治易北河。在该整治项目的运作制度中，比较有亮点的是建立了由 8 个工作组构成的双边合作机构，包括行动计划组、监测小组、研究小组、沿海保护小组、灾害组、水文小组、公众小组和法律政策小组，分别负责相关工作。费用方面，德国向捷克支付 900万马克，用于双方交界处的污水处理，同时也对捷克进行适度补偿，加上研究经费与运作经费，整个项目的经费达到 2000 万马克（2000 年）。经过双方共同努力，现在易北河水质已得到极大改善。

2. 澳大利亚的生态补偿计划——下游灌溉者为流域上游造林付费

澳大利亚为了应对地区土地盐渍化的问题，引入了"下游灌溉者为流域上游造林付费"的生态补偿计划。这项计划的参与双方为新南威尔士的林业部门、马奎瑞河食品和纤维协会。前者是生态服务的提供方，职责是植树造林，固定土壤中的盐分；后者是生态服务的需求方，由马奎瑞河下游水域的 600 名农民组成。双方签订协议，由马奎瑞河食品和纤维协会向新南威尔士的林业部门支付费用，用于上游的植树造林。付费的标准：根据在流域上游建设 100 公顷（1 公顷 =0.01平方千米）森林的蒸腾水量，马奎瑞河食品和纤维协会向林业部门购买盐分信贷，价格为每公顷 42 美元（后有调整），期限为 10 年。这个案例说明，只要精心设计，某些看不见、摸不着的生态服务的数量和价值是可以按一定方法进行测量的，这就将生态服务交易向前推进了一大步。

3. 法国毕雷矿泉水公司——为保持水质付费

法国毕雷矿泉水公司是法国最大的天然矿物质水的制造商。20 世纪 80 年代，该公司的水源地受到当地养牛业的污染。为了减少对硝酸盐、硝酸钾和杀虫剂的使用，恢复水的自然净化功能，该公司与当地农户签订协议，向流域腹地约 40 平方米的奶牛场提供补偿，标准为每年每公顷 230 美元，条件是农民必须控制奶牛场的规模，减少对杀虫剂的使用，放弃对谷物的种植，以及改进对牲畜粪便的处理方法等。为此，毕雷矿泉水公司向农民支付高金额和长时间（18～30年）的补偿，同时提供技术支持和承担购进新的农业设备的相关费用，仅在最初的 7 年，该公司为这项计划投入了 2450 万美元。

（四）启示与借鉴

1. 俱乐部产品类生态产品价值实现依赖"政府 + 市场"双轮驱动

俱乐部产品类生态产品的价值实现离不开政府的支持和监管，也需要市场机制的高效运行。美国国家公园特许经营制度、澳大利亚的煤田修复等实践案例表明，俱乐部产品类生态产品具有部分公共产品性质，决定了其具有较强的外部性，即经营开发的收益由开发经营主体独享，但全部成本却无法内化，需要转嫁给全体居民。因此，这就需要政府的监管和赋权，制定特定的法律法规，划定红线范围，才能进行进一步的经营开发。在政府严格监管的前提下，俱乐部产品类生态产品只有通过市场化机制进行要素的不断投入，才能弥补单纯依靠政府财政资金投入的不足，从而实现持续的修复保护。

2. 俱乐部产品类生态产品价值实现需要多主体、多要素、多环节协同发力

俱乐部产品类生态产品价值实现过程需要生态、土地、技术、资金、人力等多要素投入，涉及政府、企业、非政府组织、公众等不同主体，需要从投入到增值溢价，再到收益环节的环环相扣。美国的布莱恩特公园推行的"公共财产私有化"和"私有化运营"策略，就涉及了政府和私人运营机构，资金筹措是一个经过精心设计和需要多次博弈协调的过程。这就意味着，俱乐部产品类生态产品价值实现必然是一个涉及多主体、多要素、多环节的复杂过程，需要不同利益主体基于共识协调要素投入，并进一步协调各环节的利益关系，从而使价值实现过程尽可能达到多方共赢。

3. 不同形式的俱乐部产品类生态产品价值实现需要采用差异化的方式

俱乐部产品类生态产品具有公园景区类、生态修复类与流域横向生态补偿类等较多形式，不同的俱乐部产品类生态产品因公共产品属性、市场发育程度、投资收益关系等的差异，注定需要采用差异化的价值实现方式：以法国摩泽尔中央公园等为代表的公园景区就可以通过设计和规划多样化的产品和服务，走较为充分的市场化道路；英国的伊甸园植物园修复就有赖于政府的规划和市场的推进两方面的协同；德国的易北河流域生态补偿则是流域上下游基于特定标准采用的生态－资金补偿方式。这就意味着，不同形式的俱乐部产品类生态产品价值实现存在非常丰富的模式和路径，需要根据具体情况进行设计。

三、机制设计

俱乐部产品类生态产品价值实现的机制设计囊括参与主体、利益博弈、投入环节、增值环节和收益环节等部分。参与主体是价值实现的博弈方，代表不同利益主体在价值实现过程中进行利益博弈并声张具体诉求。投入环节是价值实现的

基础，表征了不同要素在价值实现过程中所起到的差异化作用。增值环节是价值实现的核心，是价值实现的"关键一跃"，代表了不同生态产品多样化的价值增值路径。收益环节是价值实现的结果，是价值实现机制设计的目的，传达了生态产品价值实现的最终价值导向。

俱乐部产品类生态产品价值实现的机制设计框架图如图 3-1 所示。

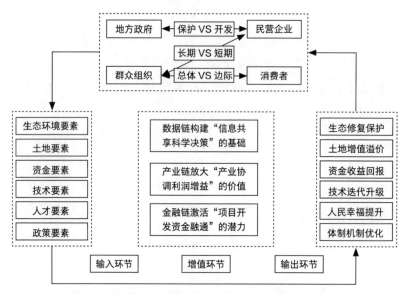

图 3-1　俱乐部产品类生态产品价值实现的机制设计框架图

（一）俱乐部产品类生态产品价值实现的参与主体

1. 地方政府及其控制的平台公司

地方政府及其控制的平台公司是俱乐部产品类生态产品价值实现的重要参与主体，代表国家行使地方自然资源、特定生态产品的所有权人职责。换句话说，地方政府及其控制的平台公司是俱乐部产品类生态产品的"所有者"。从本质上说，我国的山川、河流、矿藏、资源、城市地区的土地等归全民所有，且由中央政府代为管理，地方政府则受中央政府委托来代理行使管理辖区内一切自然生态资源的权利。因此，从各方利益博弈的角度进行分析，不难发现，地方政府及其控制的平台公司代表了地方全体人民的利益，同时也肩负着代理中央政府来管理好相关生态环境资源等生态产品的相关职责。

2. 企业等市场化主体

企业等市场化主体是俱乐部产品类生态产品价值实现的核心参与主体，代表市场化力量和企业的利益来对俱乐部产品类生态产品进行运营开发，实现价值增值。企业作为具有市场化运作经验的主体，参与到俱乐部产品类生态产品价值实现的过程中必然是"有利可图"的，既是推动俱乐部产品类生态产品从只有生态价值和社会价值到拥有经济价值的核心推手，也是实现俱乐部产品类生态产品可持续发展的重要力量。

3. 村集体、社区等基层群众组织

俱乐部产品类生态产品往往位于生态环境良好的乡村地区，或者城市内部的公园中间。这些地区的村集体和社区等基层群众组织，集中代表了当地群众的利益，是俱乐部产品类生态产品价值实现的重要参与方。乡村的村集体拥有集体土地的所有权，可能代表了全体村民的利益，可能会与市场化的企业主体产生利益博弈。社区往往会代表社区内居民对辖区或附近的城市公园的价值实现提出利益诉求，也是参与利益博弈的重要一方。

4. 游客、住户与村民等个体消费者

游客、住户与村民等个体消费者，既是俱乐部产品类生态产品的付费者，也是享受者，追求的至少是付出和收益能够均衡，更希望"物超所值"。由于游客、住户和村民等不同消费者的消费周期有较大差别，所以他们的利益诉求也不尽相同。游客更追求一次性的享受，而住户和村民等长期在地的消费者更追求长期的享受，这就导致了他们之间也有利益冲突，即到底对生态产品开发到什么程度，游客可以在什么程度上享受到更为丰富的生态产品。

（二）俱乐部产品类生态产品价值实现的利益博弈

1. 整体修复保护与局部经营开发的博弈

俱乐部产品类生态产品价值实现，是指对特定区域具有一定价值效用的生

态产品进行开发，从而使其成为能够满足消费需求、获取经济收益的俱乐部产品类生态产品的过程。在这一过程中，负责进行开发的主体往往会选择价值效用最大或成本收益比最大的某一特定区域进行集中开发，从而获得经济收益。然而，开发区域必然不是孤立存在的，而是与其他相关的自然生态环境连为一体的，这就决定了局部的经营开发势必会对整体的修复保护产生影响，如何把局部经营开发与整体修复保护的关系处理好，是政府监管主体和市场开发主体之间进行博弈的结果。如果没有完善的监管体系，则很难想象不发生"逆向选择"问题；如果没有激励性的市场开发，则也很难想象单纯依靠政府投入就可以对整片自然生态环境进行良好的修复保护。因此，必须要有一套科学合理的议事规则或者协调机制，既能让市场主体"有利可图"，也能最大限度地保护好整体性的自然生态环境。

2. 长期综合收益与短期经济收益的博弈

俱乐部产品类生态产品价值实现，涉及长期综合收益和短期经济收益之间的博弈。俱乐部产品类生态产品往往是自然生态环境经过千万年形成的特定景观、自然河流、特殊环境等，具有时空的长期稳定性。俱乐部产品类生态产品价值实现，需要由具有丰富市场开发经验的企业来主持运营，而企业追逐利润，特别是短期利润的特性，又决定了其有很大概率会在特许经营开发周期内最大化地开发俱乐部产品类生态产品，从而对特定区域的自然生态环境的长期稳定性产生影响。因此，如何把企业的短期决策长期化，将企业的短期经济收益与俱乐部产品类生态产品的长期综合收益捆绑，是政府、村集体等组织和企业博弈的焦点。以绿色金融为代表的现代金融工具，可以通过开发利用生态信用贷、生态积分贷来将长期综合收益进行均衡化贴现，从而把企业的短期决策转移到中长期周期中。

3. 外来游客与本地居民的博弈

俱乐部产品类生态产品价值实现，还涉及不同消费者之间的利益博弈。外来游客往往会在短期内对俱乐部产品类生态产品进行一次性消费，这种消费模式决定了外来游客偏向于在短时间内享受到最大化的效用，即更偏向于对俱乐部产品类生态产品价值进行最大化开发，从而使其"不虚此行"。本地居民则是长期居住在俱乐部产品类生态产品周围的本地人员，和俱乐部产品类生态产品建立了稳定的长期关系，这种关系既包括维护、保护的责任，也包括长期享受的效用。因此，本地居民并不希望开发运营机构对本地俱乐部产品类生态产品进行短期内的最大化开发并破坏其整体性和长期性，更希望走一种保护与开发共存、可持续发展的道路。故而，追求一次性消费的外来游客与长期性消费的本地居民必然也面临着一种博弈，即俱乐部产品类生态产品到底是尽可能最大化开发运营还是选择可持续发展的道路。

（三）俱乐部产品类生态产品价值实现的投入环节

1. 生态环境要素

生态环境要素是俱乐部产品类生态产品价值实现的基础投入要素。俱乐部产品类生态产品作为生态产品的一种类型，其本质上还是依托于良好的生态环境、秀丽的自然风光或者改造修复后的自然景观等基础因素，这就决定了生态环境要素是俱乐部产品类生态产品的最基础投入要素。可以说，没有生态环境要素的投入，也就谈不上生态产品，更谈不上俱乐部产品类生态产品。同时，生态环境要素，并非一次性投入要素，而是需要不断维护并进行再生产的要素，因此还需要资本、技术和人才等要素的共同投入才能不断进行再生产，并投入价值实现的过程中。

2. 土地要素

土地要素是俱乐部产品类生态产品价值实现必不可少的投入要素。在俱乐部产品类生态产品价值实现的过程中，需要一定的土地投入进行如基础设施、酒店餐饮等的开发，从而满足消费的配套服务需求，而这些配套服务才是决定价值实现水平的关键。只有完善的基础设施配套和较高水平的接待服务能力，才能获得超额回报，实现更高水平的俱乐部产品类生态产品的增值溢价。因此，在俱乐部产品类生态产品价值实现的过程中，土地作为必不可少的投入要素将发挥重要作用。

3. 资金要素

资金要素是俱乐部产品类生态产品价值实现的核心投入要素。资金投入是实现俱乐部产品类生态产品价值的核心，也是保障绿水青山转化为金山银山的核心。通过资金投入，可以保护修复生态环境，兴建相应的服务设施，提供相应的服务，开发相应的文创产品，创造全产业链的俱乐部产品类生态产品，从而实现价值增值。俱乐部产品类生态产品往往位于经济不发达的地区，因此在俱乐部产品类生态产品价值实现的过程中，资金作为核心要素将发挥至关重要的作用。

4. 技术要素

技术要素是俱乐部产品类生态产品价值实现的重要投入要素。俱乐部产品类生态产品价值若想实现更多的增值溢价，就离不开技术要素的投入。这一判断体现在两方面：一方面，对生态环境的修复和保护需要高水平的技术要素保驾护航，从而以最小的干扰实现最大限度的保护和修复，有利于生态环境的可持续维护；另一方面，要想实现俱乐部产品类生态产品价值的增值溢价，就不能仅仅把目光局限在一地一品上，而是要通过技术手段扩大影响力，实现更多的增值，比如利用 VR/AR 技术将美好风光传播到更遥远的地方，开发俱乐部产品类生态产品地区的矿泉水、空气等产品，从而实现更高水平的回报。

5. 人才要素

人才要素是俱乐部产品类生态产品价值实现的关键投入要素。俱乐部产品类生态产品往往是由自然景观形成的公园，或者是经过治理修复的景观。这些公园或景观若不经过人为的设计和规划，则很难变成可以进行游览观光的生态产品。正是因为经过了人为的设计和规划，这些本来并没有价值的自然生态，凝结了人类的无差别劳动，具有了价值，成为可以进行交换的产品。若没有人才要素的投入，则自然生态很难具备交换的价值。

6. 政策要素

政策要素是俱乐部产品类生态产品价值实现的保障性投入要素。俱乐部产品类生态产品价值实现是一个新概念、新事物，涉及许多体制机制因素的配套改革，因此需要一个稳定、可预期的顶层制度框架来推动生态产品价值实现机制领域的持续改革，只有不断供给创新性的政策要素，才能更好地保障俱乐部产品类生态产品的价值实现。

（四）俱乐部产品类生态产品价值实现的增值环节

1. 数据链构建"信息共享科学决策"的基础

若想实现俱乐部产品类生态产品的价值，首要的问题是掌握俱乐部产品类生态产品的数量、种类、分布、权属、潜力等基础数据。若没有完整和丰富的底层数据，则根本谈不上对俱乐部产品类生态产品进行高水平的开发，进而获得丰厚的价值回报。因此，掌握基础数据是进行俱乐部产品类生态产品开发的基础。但是，仅仅掌握基础数据，也只是在自身信息明确的情况下进行被动式开发，并且很可能因为与市场需求不匹配、与政府支持事项不吻合、与金融机构扶持不对接、与产业链上下游企业不衔接，导致开发效率低下，开发收益不高，价值实现效果不好。因此，在了解生态产品信息的基础上，只有精准掌握消费者偏好、当地政府的政策扶持清单、金融机构的定向服务清单、相关产业的企业与产品数据清单，才能形成囊括生态产品开发者、消费者、政府、金融机构、产业链上下游相关企业等多主体、多信息的完善数据链，才能更全面、更科学地作出价值实现的决策，为价值增值打下牢固的基础。

2. 产业链放大"产业协调利润增益"的价值

产业是俱乐部产品类生态产品价值实现、增值溢价的具体执行者和核心。俱乐部产品类生态产品价值实现不是"空对空"的概念游戏，也不是简单地包装生态环境，而是通过体系化的产业开发，在修复保护的基础上，找到一条生态环境保护与开发相得益彰之路。然而，如果俱乐部产品类生态产品的价值实现只是针对特定地区的点对点式高强度产业开发，那么必然会对自然生态环境造成一定的影响，从而不利于开发与保护的可持续性。因此，只有依托产业链，结成俱乐部产品类生态产品开发产业联盟，联合产业链上下游企业，形成体系化开发方案，协调产业链上不同企业的功能职责，才能增加产业链整体利润，提高价值实现过程的全链条利润水平，推动价值增值。

3. 金融链激活"项目开发资金融通"的潜力

金融作为现代经济的"血液"，对于俱乐部产品类生态产品价值实现具有释放活力、提升潜力等作用，是价值增值的重要因素。原因如下：一方面，俱乐部产品类生态产品往往存在于自然生态环境优美的地区，而这些地区的经济社会发展水平可能落后于全国平均水平，资本匮乏，无法进行合理的开发；另一方面，俱乐部产品类生态产品的开发运营是一个长期的过程，需要持续不断的资金要素投入，这对企业形成了巨大的压力。因此，金融工具的缺乏，导致资本匮乏与信用缺乏，进而无法利用现代金融手段实现资金的可持续投入。当然，金融工具不能仅是提供资金和贷款等服务，还要从产业开发开始就介入，从资金来源、信用扩张、贷款抵押、融资担保等多环节、全链条补充进入产业开发的全过程，提供全链条的支持服务，从而释放项目的开发活力，提升信用扩张潜力，更好地实现俱乐部产品类生态产品的价值增值。

（五）俱乐部产品类生态产品价值实现的收益环节

1. 生态修复保护

俱乐部产品类生态产品价值实现的最首要收益就是可持续的生态环境修复保护。通过全产业链开发俱乐部产品类生态产品，一方面为产业链上的开发经营主体赚取了充足的市场利润，能够让它们有余力主动修复和保护生态环境，并为后续开发打好基础；另一方面，地方政府与基层组织通过税收与利润分成等方式，补充了一定的财力和物力，从而能够投入到生态环境的持续修复和保护中，使得区域的生态环境越来越好。

2. 土地增值溢价

俱乐部产品类生态产品价值实现过程还能带来周边土地的增值溢价。通过在自然生态良好的地区进行俱乐部产品类生态产品的开发经营有两方面的好处：一方面，让本就十分具有观赏价值的自然生态环境因为规划和设计变得更有魅力，提高了知名度和吸引力，从而推高区域的土地价值；另一方面，基础设施的完善和接待服务能力的提高，也直接提升了俱乐部产品类生态产品所在地区的交通通达度、基础设施完善度，从而让该地区的土地价值相对开发前得到一定程度的增值溢价。

3. 资金收益回报

俱乐部产品类生态产品价值实现过程还能获得资金收益回报，主要体现在 3 个方面：一是进行经营开发的市场主体，通过开发相关的生态产品、经营相关的生态产品服务、抵押生态产品未来收益等方式，获得门票、住宿、零售、信贷等多渠道的资金收益；二是地方政府通过税收的方式获得价值实现的财税资金收益，同时地方政府发起设立的地方投资平台或管理公司，也会通过与相应开发主体合资的方式获得收益分红；三是基层组织，如村集体、社区等以参股或设立公司等方式参与俱乐部产品类生态产品的价值实现，也能获得相应的收益回报。

4. 技术迭代升级

俱乐部产品类生态产品价值实现过程还能推动相关技术的迭代升级，主要体现在 3 个方面：一是对自然生态环境的修复和保护，推动了技术要素在解决相关问题过程中的迭代升级；二是在开发俱乐部产品类生态产品的过程中，为了解决诸如矿泉水、新鲜空气的包装、储存、长距离运输等问题，需要成本更低、方式更优的技术提供支撑；三是若想获得更高的知名度和人流量，让千里之外的人们"身临其境"地感受俱乐部产品类生态产品，就需要不断使用 AR/VR 等新技术、新手段，提升感知度和获得感，从而为价值实现奠定基础。

5. 人民幸福提升

俱乐部产品类生态产品价值实现过程还能提升人民的幸福感，主要体现在 3 个方面：一是当地居民通过参与俱乐部产品类生态产品价值实现过程，比如务工、入股、分红等方式获得实打实的经济收益，提升收入水平，幸福感也随之提升；二是俱乐部产品类生态产品丰富了当地居民及外来游客观光、休闲、度假的消费选择，扩展了人们的消费可能性集合，从而让人们获得额外的消费收益，提升了幸福感；三是俱乐部产品类生态产品价值实现还能通过吸引人才、资本、技术等要素，促进当地的经济社会发展，提升区域经济活力和城市能级，提升幸福感。

6. 体制机制优化

俱乐部产品类生态产品价值实现过程还能带来体制机制的优化，主要体现在3个方面：一是俱乐部产品类生态产品的开发和经营需要地方政府的政策配合和行动支持，出台相应的管理规定，进行完善的政策建构，在这个过程中能够倒逼相应体制机制的改革；二是俱乐部产品类生态产品价值实现涉及不同地方政府之间的博弈和商讨，形成横向化的协议和机制，这是一种对既有"条块分割"机制的突破和有益补充，从而在局部的特殊领域实现体制机制的优化重组；三是俱乐部产品类生态产品的开发和经营还需要和基层进行博弈，在这个过程中相关的体制机制如何调整优化也将获得较为重大的进展。

四、路径与模式

俱乐部产品类生态产品价值实现的路径与模式多样。实现路径以"政府授权＋市场运作＋多方收益＋政府监管"为基准，根据不同的场景和形态形成3种拓展路径，在不同的拓展路径中，产业链、金融链和数据链将发挥不同的作用。实现模式以"俱乐部生态产品＋经营收益、溢价提升、横向补偿＋生态产品可持续价值实现"为基准，根据不同的场景和形态形成6种衍生模式。

（一）基准路径：政府授权＋市场运作＋多方收益＋政府监管

俱乐部产品类生态产品价值实现的基准路径可以概括为，由政府授权特定市场主体进行市场化运作，市场主体获得经营性收益、资产置换性收益、土地开发收益等多种收益，政府负责对市场主体的开发行为进行监管，避免因为开发而导致生态环境的破坏和不可持续。具体来看，俱乐部产品类生态产品价值实现的基准路径可以拓展为 3 个主流路径，分别对应公园景区、生态修复保护和流域横向生态补偿 3 种俱乐部产品类生态产品，而产业链、金融链和数据链在其中发挥了不同的作用。

1. 拓展路径Ⅰ：政府授权 + 企业特许经营 + 经营收益 + 维护生态产品价值 + 政府监管

拓展路径Ⅰ是以公园景区开发项目为代表的俱乐部产品类生态产品价值实现路径。该路径的具体内容是政府向特定企业授权，并设立一定的监管约束目标，企业获得特许经营开发权限，进而获得文旅、康养、休憩等经营性收益，并将部分收益用于维护公园所在地区的生态产品价值，以满足政府的监管约束目标。这一路径的特征是以产业链驱动为主，金融链与数据链协同。因为这种经营开发路径相对成熟，市场上拥有大量经验丰富的规划、设计、运营、推广等市场主体，可以形成一个完整的产业链，从而对公园景区类的生态产品进行从观光、文旅、IP 打造、特定文创产品、动植物认养等全链条的开发，属于典型的供给端产业链驱动类型。同时，由于市场成熟度较高，相应的数据信息和金融服务都较为健全和标准，比如，以景区未来收益为抵押的贷款，计算景区复合人流增长率的相关算法等，都有着较为成熟的匹配度和衔接性。因此，金融链和数据链更多发挥了协同配合产业链的作用，是为了产业开发能够更好地推进而参与进来的辅助角色。

2. 拓展路径Ⅱ：政府招标 + 企业生态修复 + 政府购买、资产置换、原地开发、溢价分享 + 政府监管

拓展路径Ⅱ是以大型生态修复保护项目为代表的俱乐部产品类生态产品价值实现路径。该路径的具体内容是政府通过招标的方式，选择特定企业对某些已被破坏的区域进行生态修复，并设立相应的生态修复目标，而特定企业的利润来源则是由政府购买服务、进行资产置换、生态修复后进行项目开发和周边土地的溢价分享等，政府负责长期监管修复和保护是否达到了相应的要求。与公园景区开发项目不同的是，大型生态修复保护项目的价值实现路径的特征是以金融链驱动为主，数据链与产业链协同。之所以认为这一路径的主要驱动力是金融链，是因为大型生态修复保护项目是典型的资本密集型项目，即首先要投入大量的资金进行修复治理，在获得基本的生态环境改善的基础上，才能进行进一步的开发运营并获得收益。这种模式决定了大型生态修复保护项目的前期投资必须体量巨大，如果没有金融机构全程参与其中，运用系统化的金融工具提供担保、信贷、融资、还款等个性化的全流程服务，则很难想象单独的企业能够承接长周期、大资金的生态修复保护项目。因此，金融链在大型生态修复保护项目中居于主导地位，是驱动项目运转的前提和核心。只有金融链驱动大型生态修复保护项目开始运转，进行具体生态修复、产业开发和土地开发等后续发展的产业链主体才有可能丰富，数据链也由于市场上具有修复经验的企业众多而相对透明和丰富。因此，产业链和数据链更多地发挥了协同配合金融链的作用，目的是为了金融服务能够持续地参与到生态保护修复的大型项目中。

3. 拓展路径Ⅲ：政府协商谈判 + 企业运营流域治理基金 + 独立的治理评价机制 + 政府间横向补偿

拓展路径Ⅲ是以流域横向生态补偿项目为代表的俱乐部产品类生态产品价值实现路径。该路径的具体内容是代表不同流域区域的地方政府对水量、水质等内容进行谈判，国家或相关省级政府作为整个流域的主要权责人，将联合流域内的地方政府设立流域治理基金，并选择市场化的主体来运营流域治理基金，进而依托独立的治理评价机制来合理评价不同地区的需水量、水质变化等数据，从而完成政府间的横向补偿。以流域横向生态补偿项目为代表的俱乐部产品类生态产品价值实现的拓展路径的特征是以数据链驱动为主，金融链与产业链协同。之所以认为数据链是驱动这一路径的核心，是因为流域的横向生态补偿的关键就是厘清不同主体的水量、水质等核心诉求，而这就依赖科学、清晰的数据收集、研判与分析工具，数据链在这一过程中将发挥非常重要的作用。因此，在这种模式下，收集、汇总、分析数据链中涉及河流的水量、水质数据，不同地区的水量需求数据，不同地区进出境的水质断面数据等对于厘清不同区域之间的权利和义务至关重要。然而，当前以流域公司或流域治理基金为主来推进流域横向生态补偿的模式还不成熟，相关的实践还在进一步探索中，产业链和金融链能够发挥的作用较为有限，主要承担配合数据链进行利益划分、不同区域的异地开发、基金运营等职责。

（二）基准模式：俱乐部生态产品 + 经营开发、溢价提升、横向补偿 + 生态产品可持续价值实现

俱乐部产品类生态产品价值实现的基准模式可以概括为俱乐部生态产品经过经营开发、溢价提升与流域横向生态补偿等方式，让政府、运营方、当地群众都获益，并以积极的正向导向投入生态产品的修复和保护中去，从而持续实现生态产品的价值。具体来看，俱乐部产品类生态产品价值实现的基准模式可以衍生为6种，代表了不同类型的俱乐部产品类生态产品的价值实现模式。

1. 衍生模式 I：景区经营 + 门票、文化产品、服务、食宿等综合收益 + 景区持续保护开发

衍生模式 I 是典型的公园景区类俱乐部生态产品的价值实现模式。该模式的内容是在获得特定公园景区的开发经营权利后，市场主体将通过收取门票、开发文旅产品、提供食宿服务等方式获得多元化的综合收益，同时将收益的一部分投入到景区的维护和保护中去，进而实现相关区域生态环境的可持续保护与发展。该种实现模式较为成熟，是比较典型的俱乐部产品类生态产品的价值实现模式，市场化程度最高，各种成本、收益、税收等较为清晰，是俱乐部产品类生态产品经营开发的"重头戏"。但是，这种经营开发模式，也由于门槛相对较低而稀缺性不足，具有较大的竞争性，单纯依靠门票和食宿等收入已经很难获得超额利润，还需要将产业链向纵深拓展，将一次性或短期性观光的消费需求转化为周期性或候鸟型的度假式、疗养式消费需求，进而获得稳定且可持续的收入。

专栏 3-1　新加坡圣淘沙岛

圣淘沙岛四面环海，拥有 3 个美丽且各具风格的海滩——西乐索海滩、巴拉湾海滩与丹戎海滩，共占地约 390 公顷，有着各式各样的娱乐设施和休闲活动区域。圣淘沙岛曾经只是一个小渔村，被英国占领以后被改造成军事基地，而后

于 1972 年被改造成一个休闲度假村。截至目前，圣淘沙岛包括圣淘沙名胜世界、鱼尾狮、西乐索炮台等景点，以及 2 个高尔夫度假区、14 间酒店，每年接待游客约 2000 万人次。圣淘沙岛的核心竞争力是拥有主题公园、自然公园等十几种旅游体验，集中了沙滩、热带动植物、历史遗迹、探险乐园、夜间演艺、博彩娱乐、休闲度假、教育培训等众多差异互补的旅游元素，这就使得圣淘沙岛成为一站式度假综合体。圣淘沙岛如何一步一步地成为亚洲终极旅游目的地呢？圣淘沙岛最初只是渔村和军事堡垒，后增建主题公园、海底世界、昆虫王国、自然公园、高尔夫度假区；新世纪之后，又增设餐饮、娱乐、游艇码头及游艇俱乐部等设施，2010 年，引入世界顶级 IP 环球影城，并增加购物中心、度假酒店、博彩娱乐场馆等留客设施，从而成为亚洲终极旅游目的地。

2. 衍生模式Ⅱ：生态修复 + 农业发展、林下经济、文旅观光、特殊利用 + 生态修复持续保障

衍生模式Ⅱ是生态修复类俱乐部产品价值实现的重要模式之一。该模式的主要内容是，通过对生态被破坏的区域（可能是废旧的矿山，也可能是生态遭到破坏的自然区域）进行长时间的生态修复，在生态水平逐渐恢复的过程中，逐步开展对生态无害的生态农业、林下经济、文旅观光和特殊利用等，从而获得生态修复资金，并持续地进行生态修复。该模式的特点是，需要有一个较长时期的资金投入来启动生态修复过程，只有在生态修复达到一定程度之后才可以引进相应的产业经营开发，进行生态产品的价值实现，弥补生态修复的资金投入，从而实现"生态修复→生态产品价值实现→可持续的生态修复"的正反馈循环体系。

专栏 3-2　江苏省徐州市潘安湖采煤塌陷区生态修复及价值实现案例

江苏省徐州市贾汪区因煤而立，但由于长期高强度的开采，该地的土地资源和生态环境都遭受到了严重破坏。2010 年以来，徐州市以"矿地融合"的理念推进潘安湖采煤塌陷区的生态修复工作，并结合塌陷地修复和综合治理成果，推动潘安湖地区由"黑色经济"向"绿色经济"转型发展。具体做法：以潘安湖国家 4A 级湿地公园建设为核心，融合马庄香包文化、潘安文化等地区传统

文化，引入专业化管理和市场化经营团队，打造了潘安湖湿地公园、潘安古镇、马庄香包非物质文化等旅游品牌；利用潘安湖及周边优美的生态环境，建设潘安湖科教创新区，建设集旅游、养老、科教、居住于一体的新型城镇化生态居住区；改造权台煤矿工业遗址，对权台煤矿主矿井等具有遗存价值的建筑物予以保护，开发建设煤矿遗址文化创意园，实现了生态、经济、文化和社会等多重效益，并带动了区域产业转型升级与乡村振兴，维护了土地所有者权益，推动了生态产品的供给和价值的充分实现。

3. 衍生模式Ⅲ：生态修复 +PPP+ 生态修复持续保障

衍生模式Ⅲ是通过政府与市场主体合作的 PPP 方式实现俱乐部产品类生态产品价值实现的重要模式。这种模式的主要内容是，针对生态遭到破坏或者生态退化的地区，由政府与相关企业以公私合营模式委托相关企业进行生态修复，同时政府采取购买服务、委托经营等方式为执行修复的企业赋能付费，从而实现可持续的生态修复。该模式的特点是，由政府委托特定的具有经验和实力的企业进行生态修复，可以最大限度地发挥市场主体的作用，在设定的目标下以最小的成本进行生态修复；同时政府作为委托方可以利用其他资源、资产、权利进行置换，从而减轻政府的投入压力，调动社会主体投入生态修复，走出一条生态修复保护的创新之路。

专栏 3-3　山东省威海市华夏城矿坑生态修复及价值实现案例

山东省威海市华夏城景区位于里口山脉南端的龙山区域，原有生态环境良好，风光秀丽。20 世纪 70 年代末，龙山区域成为建筑石材集中开采区，由于长期高强度的开采，其土地资源和生态环境都遭受到了严重破坏。从 2003 年开始，威海市采取"政府引导、企业参与、多资本融合"的模式，对龙山区域开展生态修复治理，由威海市华夏集团先后投资 51.6 亿元，持续开展矿坑生态修复和旅游景区建设，探索生态修复、产业发展与生态产品价值实现的"一体规划、一体实施、一体见效"。经过十几年的持续努力，龙山区域的矿坑废墟转变为生态良好、风光旖旎的 5A 级景区，带动了周边村庄和社区的繁荣发展，实现了生态效益、经济效益和社会效益的良性循环。

4. 衍生模式Ⅳ：生态修复保护＋地价增值＋溢价分享

衍生模式Ⅳ是生态修复类生态产品价值实现的重要模式。这种模式的主要内容是，通过对区域内生态的修复保护，增值周边土地的地价，从而分享土地溢价，实现可持续的生态修复保护。这种模式的特点是，进行生态修复保护的区域一般都位于城市边缘区域，具备极强的人口流入潜力和土地增值可能性。由于有人口流入的预期，所以通过生态修复保护获得的良好生态能够给周边土地带来充分溢价，这种溢价可以有效补充生态修复保护的支出，从而实现可持续的生态修复保护。同时，未来可以更进一步，通过向周边地区的居民收取一定的生态修复保护基金来持续地分享土地增值溢价。

专栏 3-4　四川省成都市东安湖生态修复及价值实现案例

四川省成都市东安湖位于成都市龙泉驿区东安新城核心区，由东安水库工程和东安水库扩容工程构成，水面约 1634 亩（1 亩 =666.67 平方米）。东安湖周边 4 个生态修复工程的面积约为 3427 亩，与东安湖一并设计建设，被统称为东安湖公园。一直以来，龙泉驿区水资源匮乏、水资源分布不均，年人均水资源量仅为 224 立方米，属于极度缺水地区，因此，群众对幸福河湖建设的愿望十分强烈。龙泉驿区紧紧围绕"成渝双城经济圈""打造高品质宜居地"的功能定位，深化东安湖生态资源开发模式，采取了两方面措施来筹措资金：一是通过土地溢价收入来招商引资，解决大平衡问题；二是通过地面设施对外招租来促进服务业发展，解决小平衡问题。东安湖的生态修复探索了幸福河湖建设的新路径，切实打造出了水清岸绿、通畅景美、让人民有获得感和幸福感的美丽河湖。

5. 衍生模式Ⅴ：流域管委会＋市场化流域治理基金＋基于水量、水质的奖惩＋横向补偿收益

衍生模式Ⅴ是流域横向生态补偿类生态产品价值实现的一种较为创新的模式。这种模式的主要内容是，设立统一的流域管理机构作为监督性的独立机构，同时成立由流域各方出资认缴的流域治理基金作为横向补偿的初始资金，并聘请

具有丰富经验的基金市场主体来运营基金，而流域各方在流域管委会的组织和牵头下达成一个基于水量、水质等主要因素的框架性补偿协议，进一步委托流域治理基金市场主体进行基金的日常管理，以及相关补偿因素的记录和识别，以一年为周期对不同地区的水量、水质的表现进行公正、客观的评估，从而确定不同地区的补偿数额。这种模式的特点和难点在于，首期认缴资金的数额和日后的执行，需要经历流域各方的谈判和博弈，同时惩罚和补偿以基金收益为主，不足的部分需要相关主体进行进一步认缴……这些都是尚待厘清的问题。这种模式较为新颖，目前较为接近的有千岛湖水基金运行模式。

专栏 3-5　浙江省淳安县千岛湖水基金及价值实现案例

千岛湖水基金是全国首个由社会发起、针对重要水源地进行生态保护的创新项目，利用金融平台工具整合公益与商业资源，建立政府、企业、社会多元共治的生态保护模式。千岛湖水基金通过"探索科学治理方法、创新护水模式、赋能水源地居民"的"科、创、赋"护水三字经，实现水源地的可持续保护。同时，千岛湖水基金致力于以"公益的心态、商业的手法"，联合政府、企业、社会公众等多方参与，通过助力生态产业和探索社会参与机制实现对水源地的长效保护，践行"绿水青山就是金山银山"理念。除此之外，千岛湖水基金联合蚂蚁金服开发护水平台——护水宝，创新性地将区块链技术应用于水源保护，助力护水措施的推广。农户只需要通过简单的拍照打卡，就能获得护水认证，同时还能实现生产种植全过程的可追溯，让护水有迹可循。

6. 衍生模式 Ⅵ：受补偿方保护流域 + 补偿方异地开发补偿 + 区域合作园区

衍生模式 Ⅵ 是流域横向生态补偿类生态产品价值实现中较为创新的模式。在这种模式中，流域内的受补偿方执行保护流域生态环境的职责，补偿方以异地开发园区的方式对受补偿方进行"造血式"扶持，从而实现从单纯的资金补贴到内生动力和产业支撑的扶持与帮助。这种模式的特点是，能够充分关照受补偿方长期发展的需要，也能充分考虑受补偿方所在地区经济发展一般较为落后的现实情况，是一种通过"造血式"方式进行补偿的有益探索。

专栏 3-6　四川省成都市与阿坝藏族羌族自治州（阿坝州）共建"金堂工业园"异地补偿开发模式

金堂县成阿工业园通过创办"飞地"园区的方式，创造出一种新型的生态异地补偿机制，推动了生态产品价值的实现。阿坝州全域属于国家重点生态功能区，是成都市"母亲河"岷江的发源地，为保障成都市的生产生活用水，以及弥补阿坝州为保护水源地的生态环境而丧失的发展机会，2009 年成阿两地政府签署协议，在成都市金堂县共同建立了四川省第一个"飞地"园区——"成都—阿坝"工业园。园区高度整合利用阿坝州灾后重建等优惠政策和成都市人才、技术、资金等资源优势，将阿坝州高载能企业整体搬迁到园区，阿坝州内重点发展特色农牧业和旅游业等产业。成阿两地通过协商采用常态化的生态资源分配和利益分享机制，为阿坝州带来了可观的财政收入，吸纳了大量的阿坝州劳动力就业，创造了以异地开发补偿为重点的新型地区间流域横向生态补偿模式，为生态产品供给区和生态产品受益区协同推动生态环境保护和经济社会发展探索了新路径。

五、政策措施

俱乐部产品类生态产品在价值实现过程中，需要聚焦做实数据链、强化产业链、补全金融链三大方向，着力建立俱乐部产品类生态产品的全方位、全时空、全周期动态数据库，放大产业协作对俱乐部产品类生态产品价值实现的增值溢价效应，激活绿色金融对俱乐部产品类生态产品价值实现的全链条、全周期支持潜力，从而形成体系化的"政策措施工具箱"，更好地推动俱乐部产品类生态产品价值的实现。

（一）以做实数据链为基础，建立俱乐部产品类生态产品的全方位、全时空、全周期动态数据库

1. 加快完善自然资源资产产权制度，摸清俱乐部产品类生态产品的"家底"

自然资源资产产权是生态产权的重要组成部分，完善自然资源资产产权制度的要求如下。

一方面，通过确权登记摸清"家底"。若要推动自然资源资产确权登记，首先要解决的一个问题是统一自然资源资产分类、检测与调查标准，解决重复统计、交叉统计及统计遗漏的问题，做到统一自然资源资产分类标准、统一自然资源资产监测评价制度、统一自然资源资产监测调查时间的"三个统一"。在此基础上，划定各类自然资源资产产权的使用权及所有权边界，为进一步开展市场交易奠定基础，尤其是要重点推进重要生态空间的确权登记工作（如国家公园等各类自然保护地、重点国有林区、湿地、大江大河）。

另一方面，不断完善自然资源资产产权体系。明确各类生态产权的行使主体及各类自然资源资产产权的主体权利，不断创新自然资源资产全民所有制和集体所有权的实现形式，实现所有权与使用权的进一步分离，通过不断拓展使用权转让、担保、租赁及入股职能，提高自然资源资产产权的多层次市场化交易。

2. 加快完善生态产品价值核算制度，厘清俱乐部产品类生态产品的核心价值

构建科学的生态产品价值核算评价指标体系。根据生态产品的功能分类建立评价指标体系，将生态产品价值划分为物质产品价值、调节服务价值及文化服务价值3个维度，并进一步细化各维度下的指标构成。另外，统一生态产品价值核算方法。常见的生态产品价值核算方法有直接市场法、替代市场法及意愿调查法等。生态产品价值核算方法的选择应具有针对性。具体地，对于产权清晰且可直接进行市场交易的生态产品，采用市场价值法、费用支出法、收益现值法等直接市场法；对于空间不连续的生态产品，采用替代成本法、机会成本法、影子价格法及旅行费用法等替代市场法；对于数据难以获得的生态产品，若有必要，则可采用意愿调查法。

3. 加快建立信息收集、登记与发布制度，发挥俱乐部产品类生态产品数据链的辅助决策作用

一是依托现有的各级各类生态环境监测体系，建立接口统一、门类齐全、体系完整的生态产品基础数据库，打通分散在不同部门、领域、层级的数据，解决"数从哪来"的问题。

二是参考丽水、普洱、成都等地开展的生态产品价值核算实践，尽快出台生态产品价值核算标准，通过设置标准化与特色化兼备的模块化核算方法，解决数据"如何核算"的问题。

三是依托基础数据库建立全国性生态产品信息平台，县区政府定期向外发布辖区内生态产品供给、产业投资机会、金融产品与服务需求等清单，实体企业定期发布投资意向清单，金融企业定期发布创新性金融产品和业务信息，解决数据"展示应用"的问题。

（二）以强化产业链为方向，放大产业协作对俱乐部产品类生态产品价值实现的增值溢价效应

1. 培育俱乐部产品类生态产品产业链的"链主"企业

具体措施：建立并推广政府和社会资本合作模式，推行生态环境污染第三方治理实施方案，引导社会资本进入生态产品市场；加大国有资本在环境治理和生态保护等方面的投入力度；培育综合性生态环境服务企业，提供第三方生态保护与环境治理服务；加大对生态友好型企业生态产品交易意识的引导与培训，促进其成长为生态市场主体；积极培育生态产业化经营主体，促进生态产业与文旅、制造、农业等相关产业之间的经营主体融合，培育"生态+"的新型业态，在延伸农林产业价值链、提高农林产品附加值的基础上，培育专业大户、家庭农林场、股份制农林场、合作组织、工商企业等新型生态产业化经营主体，把小农户吸引到现代经济体系发展中来。

2. 提升俱乐部产品类生态产品产业链协作水平

以产业联盟为抓手延伸产业链，解决"产业链短、经营主体弱、业态单一"等问题。俱乐部产品类生态产品往往是开发周期长、牵涉面广、产业链上下游企业较多的产业类型，因此具备以产业链的视角推进产品开发和价值实现的可能。这时可以依托民宿、康养等较为成熟且能够吸引人流和名气的产业联盟，率先打造推出体系化、品牌化、个性化的产品线和服务，聚拢人气，积累品牌黏性。同时以知名度为基础，适时依托各类产业投资机会清单，吸引产业链上下游企业进行集中的商讨，并在生态产品所在地区定期组织召开产业联盟投资联席会议，汇集可能组成特定生态产品的投资联合体，形成生态产品产业链开发格局。

3. 拓展俱乐部产品类生态产品产业链的应用场景

产业链并非只有上下游的纵向关联，还有通过创新性地创造应用场景而拓展产业链的链接深度。俱乐部产品类生态产品的深度开发利用，不能仅仅停留在观赏、游玩、度假、康养等产业形态和产品形式上，还可以进行进一步的拓展延伸，在不破坏自然本底价值和游览观赏价值的基础上，可以在生态良好、气温适宜的地区发展数据中心产业，在滨海地区发展深海数据存储产业，在城市地区的公园发展会展产业等。通过不断拓展俱乐部产品类生态产品的应用场景，做深做实产业链，挖掘产业链协同发展的潜力，形成体系化的开发格局，促进区域生态、经济和社会价值的实现。

（三）以补全金融链为支撑，激活绿色金融对俱乐部产品类生态产品价值实现的全链条、全周期支持潜力

1. 尽快落实生态资产权益抵押，破解没有标准化抵押物的困境

参照公益林权益抵押标准，丰富以生态产品预期收益为贷款抵押物的种类，如生态农产品保底销售收益、生态景区门票收益等，尽快建立多元化的生态产品权益抵押标准。可先在国家开发银行内设立生态银行部，对环境产业、清洁

能源项目等有利于环境保护和生态建设的经济活动提供低成本的资金支持，建立行之有效、具有可操作性的环境指标体系，建立生态业绩数据库和常规化的信息公开制度。取得经验后再单独设立政策性的生态银行，其职能可以界定为生态融资职能、生态金融市场监管职能、生态金融市场研究规划职能和国际合作交流职能等。

2. 推广建立生态信用积分体系，打通生态信用积分与信贷体系的通道

借鉴丽水"两山贷"的经验，在提供生态产品的地区推广建立生态信用积分体系，把生态信用积分作为信贷产品、服务的前提条件和优惠条件，做实"生态信用贷"。对于一些公共性较强的生态保护与生态修复工程而言，应当建立政府主导下的多元投融资体系，由于其资金需求大、建设周期长，需要联合政府财政投入、绿色 PPP、生态保护与修复基金、中长期绿色债券等渠道，保障资金的科学分配。

3. 探索更多的金融支持俱乐部产品类生态产品价值实现的模式

俱乐部产品类生态产品价值实现的项目大多存在投资规模大、建设周期长、公益属性强等特点，金融机构要充分发挥市场之手的作用，强化与政府的合作，促进生态产品价值实现的市场化运作。例如，双方可以通过共建"生态产品确权＋绿色信贷＋风险补偿"模式、"公共产品＋绿色基金"模式、绿色 PPP 融资模式等，共同推动生态产品价值实现目标的实现。

参考文献

[1]　王金南，马国霞，於方，等 . 2015 年中国经济－生态生产总值核算研究 [J]. 中国人口·资源与环境，2018（2）: 1-7.

[2]　苏杨，魏钰 ."两山论"的实践关键是生态产品的价值实现——浙江开化的率先探索历程 [J]. 中国发展观察，2018（21）: 54-56.

[3] 曾贤刚，虞慧怡，谢芳.生态产品的概念、分类及其市场化供给机制 [J].中国人口·资源与环境，2014（7）：12-17.

[4] 黄如良.生态产品价值评估问题探讨 [J].中国人口·资源与环境，2015（3）：26-33.

[5] 范振林.生态产品价值实现的机制与模式 [J].中国土地，2020（3）：35-38.

[6] 高晓龙，程会强，郑华，等.生态产品价值实现的政策工具探究 [J].生态学报，2019（23）：8746-8754.

[7] 陈佩佩，张晓玲.生态产品价值实现机制探析 [J].中国土地，2020（2）：12-14.

[8] 陈敬东，潘燕飞，刘奕畀.生态产品价值实现研究——基于浙江丽水的样本实践与理论创新 [J].丽水学院学报，2020（1）：1-9.

[9] 石敏俊.生态产品价值实现的理论内涵和经济学机制 [N].光明日报，2020-08-25（11）.

[10] 潘家华.科学梳理生态产品的消费属性 [N].光明日报，2020-07-20（10）.

[11] 廖福霖.生态产品价值实现 [J].绿色中国A版，2017（7）：50-53.

[12] 程翠云，李雅婷，董战峰.打通"两山"转化通道的绿色金融机制创新研究 [J].环境保护，2020（12）：35-39.

[13] 吴健，郭雅楠，余嘉玲等.新时期中国生态补偿的理论与政策创新思考 [J].环境保护，2018（6）：7-12.

[14] 张华.加强生态产品生产能力研究 [J].中外企业家，2014（10）：45-47.

[15] 赵士洞，张为民，赖鹏飞.千年生态系统评估报告集（一）[M].北京：中国环境科学出版社，2007.

[16] 世界资源研究所.生态系统与人类福祉：生物多样性综合报告 [M].国家环境保护总局履行《生物多样性公约》办公室，译.北京：中国环境科学出版社，2006.

[17] 张永民.生态系统与人类福祉：评估框架 [M].北京：中国环境科学出版社，2007.

[18] 潘家华.提供生态产品增值生态红利 [N].经济参考报，2017-10-23（8）.

[19] 张兴，姚震.新时代自然资源生态产品价值实现机制 [J].中国国土资源经济，2020（1）：62-69.

[20] 马小平 . 新媒体时代农产品品牌营销新思维 [J]. 商业经济研究，2018（9）：71-74.

[21] 董战峰，张哲予，杜艳春，等 . "绿水青山就是金山银山" 理念实践模式与路径探析 [J]. 中国环境管理，2020（5）：11-17.

[22] HANSEN K, DUKE E, BOND C, et al. Rancher preferences for a payment for ecosystem services program in Southwestern Wyoming [J]. Ecological Economics, 2018, 146（4）: 240-249.

[23] 赵晶晶，葛颜祥 . 流域生态补偿模式实践、比较与选择 [J]. 山东农业大学学报（社会科学版），2019（2）：79-85，158.

[24] 刘薇 . 市场化生态补偿机制的基本框架与运行模式 [J]. 经济纵横，2014（12）：37-40.

[25] 欧永龙，周科廷，黄晶 . 建设生态产权市场初探 [J]. 农业发展与金融，2019（4）：57-59.

[26] 马永欢 . 科学划定生态产权边界 [N]. 中国自然资源报，2020-07-22（3）.

[27] 温作民，朱小静，谢煜 . 浙江省林权交易中心的完善与发展 [J]. 林业经济评论，2011（1）：53-59.

[28] 自然资源部办公厅 . 自然资源部办公厅关于印发《生态产品价值实现典型案例》（第一批）的通知 [EB/OL]. [2020-04-23]. http: //gi.mnr.gov.cn/202004/t20200427_2510189. html.

[29] 自然资源部办公厅 . 自然资源部办公厅关于印发《生态产品价值实现典型案例》（第二批）的通知 . [EB/OL]. [2020-10-27]. http: //gi.mnr.gov.cn/202011/t20201103_2581696. html.

[30] 年永福 . 政府购买生态服务的合作模式：基于京津冀协同发展的视角 [J]. 领导之友，2017（21）：48-54.

[31] 欧阳志云，朱春全，杨广斌，等 . 生态系统生产总值核算：概念、核算方法与案例研究 [J]. 生态学报，2013（21）：6747-6761.

[32] 谢高地，甄霖，鲁春霞，等 . 一个基于专家知识的生态系统服务价值化方法 [J]. 自然资源学报，2008（5）：911-919.

专论四

私人产品类生态产品价值实现研究

摘 要

本研究厘清了私人产品类生态产品价值实现的理论基础，强调了核心价值实现方式是生态产业化。在梳理国内外实践进展与启示的基础上，本研究设计了"市场供给—市场购买—政府监管"的私人产品类生态产品价值实现路径，构建了合作经营模式、公用品牌建设模式、混合开发利用模式等价值实现模式，提出了建立生态资源资产运营管理平台以促进价值高效转化、培育私人产品类生态产品的多元化经营主体、建立合理的利益分配机制、提升绿色金融支持力度等对策建议。

生态产品是具有中国特色的生态经济学概念，建立健全生态产品价值实现机制是将绿水青山转化为金山银山的关键路径。私人产品类生态产品具有排他性和竞争性，其价值实现要通过市场化的方式，这是最直接、最有效、交易成本最低，也是最具潜力的价值实现方式，核心是推动生态产业化。

一、理论基础

为了将生态纳入经济社会发展系统，生态产品的概念应运而生，而私人产品类生态产品是产权最为清晰的生态产品，具有排他性和竞争性，适宜采用市场化的方式实现其价值，但最核心的价值实现方式是生态产业化，并通过效用和稀缺性产生价值溢价。

（一）私人产品类生态产品的内涵特征

我国长期以来粗放式的经济发展方式，造成了严重的生态破坏和环境污染，优美的生态环境变得越来越稀缺，而保护、修复生态环境的成本越来越高。与此同时，伴随着物质生活水平的提高，人民群众对优美生态环境的需求越来越强烈。在"稀缺""成本高""需求强烈"的背景下，需要将优美的生态环境"产品化"，形成生产体系、交易体系和流通体系，让保护、修复生态环境获得合理的回报，让破坏生态环境付出相应的代价。

在国务院印发的《全国主体功能区规划》通知中最早提出了生态产品的概念，生态产品是指维系生态安全、保障生态调节功能、提供良好的人居环境的自然要素，包括清新的空气、清洁的水源、茂盛的森林、宜人的气候等。之后学术界对生态产品的研究不断深入，生态产品的内涵外延不断拓展，当前生态产品一般是指自然生态系统为人类社会提供的最终产品和服务，与国际上生态系统服务功能概念相似。随着生态产品概念的提出和生态产品价值实现理论的发展，自然生态从生态学概念向经济学概念过渡。经济学依据产品在消费过程中的排他性和竞争性特征，将产品分为公共产品、公共资源、俱乐部产品、私人产品4种类型。同理，根据生态产品在消费过程中的排他性和竞争性，也可将生态产品划分为4种类型（见图4-1）。对于产权能够界定的生态产品，可以将其转变成私人产品，并通过市场交易实现供给，具有排他性和竞争性，主要包括生态农林牧渔产品、生态饮用水产品、小规模乡村旅游服务等。

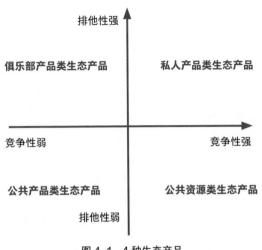

图 4-1　4 种生态产品

（二）私人产品类生态产品价值的主要表现途径

私人产品类生态产品价值实现的前提是产权明晰。生态产品依附于自然资源，自然资源产权明确后，生态产品权责归属就得以清晰。通过建立归属清晰、权责明确、监管有效的生态资源资产产权制度，对林地、耕地、水域等开展承包经营，进一步确定私人产品类生态产品的经营开发权和收益权，可以形成私人产品类生态产品价值实现的前提基础。私人产品类生态产品具有满足人类需求的功能，具备使用价值，并且不是可以无限度供给的产品，具有效用性和稀缺性。私人产品类生态产品的供给者和消费者非常明确，他们通过发挥生态产品的商品属性进行市场交换，生产者和消费者形成了供需链条。由于私人产品类生态产品一般采取较为生态化、有机化的生产方式，在流通市场上具有一定的稀缺性，因此可以享受一定的增值溢价。

（三）私人产品类生态产品价值实现的主要方式

私人产品类生态产品最核心的价值实现方式是生态产业化。生态产业化是按照社会化大生产、市场化经营的方式提供生态产品和服务的，推动了生态要素向生产要素、生态财富向物质财富的转变，通过发展生态利用型产业促进生态与经济的良性循环发展。生态产业化实质上就是通过承包经营耕地、林地、水域等方式，发挥独特的生态环境优势，以生态资源作为生产要素和中间投入品，通过良好的生态环境提升私人产品类生态产品的品质，在市场竞争中取得优势，实现生态产品的价值，如发展生态农业、生态林业、生态渔业、乡村民宿旅游产业、休闲养生产业、饮用水产业等。

二、国内外实践进展与启示

本部分通过梳理总结欧盟生态认证体系、韩国森林康养产业发展模式，以及国内浙江、江西、北京、广东、贵州等地的私人产品类生态产品价值实现案例，为我国建立健全私人产品类生态产品价值实现机制提供参照。

（一）国外实践案例

1. 欧盟生态认证体系

为鼓励绿色生态产品的生产和消费，1992 年欧盟建立了覆盖全域的生态认证体系。生态认证体系的作用机制是通过提醒消费者所购买的产品是符合欧盟生态环境保护要求的，来提升消费者对该类产品的购买意愿，通过消费的牵引作用，激励在生产环节重视生态环境保护的生产者，促进生产端向绿色、低碳等方向转型，降低产品在全生命周期对生态环境的危害。

欧盟生态认证体系赋予的生态标识是官方授权的唯一绿色标识，由于有官方背书，其具有非常强的权威性。生态认证标准由欧盟联合研究中心在充分研究的基础上，与各部门、产业代表及消费者沟通讨论后制定，标准交欧盟各成员国进行讨论并由成员国投票通过后，以欧盟委员会正式法律文案的形式予以确认。人们通过对产品在全生命周期绿色、低碳情况的核算和评估，来确定产品是否符合生态认证标准，同时建立了动态调整机制，每 5～6 年进行标准的修编和升级。

在具体执行环节，由欧盟成员国确定的独立第三方认证机构开展产品的生态标识认证，以保证公正性。截至目前，包括电器、服装、生活用品、旅游服务、住宿服务、绿色金融服务等在内的 26 类、超过 7 万种产品和服务得到了生态标识认证，并且这一范围还将根据消费者的需求和喜好持续扩大。

2. 韩国森林康养产业发展模式

一是划定"自然休养林"。20 世纪 80 年代，韩国提出了"自然休养林"的概念（作为一个特殊林种，与水源涵养林、水土保持林等并列，约占韩国林地面积的 10%）。经过多年的发展，韩国山林局在 2012 年发布了关于自然休养林可行性评估的调查研究结果，并编制了调查报告。报告对自然休养林提出了 6 方面的要求，包括景观、位置、面积、水系、恢复激励和发展条件，并对这 6 方面进行了详细和严格的评估。截至目前，韩国已建成 173 处森林浴场、158 个自然休养林、4 处森林康养基地、1148 千米的森林疗养步道。

二是完善森林康养立法，开展森林理疗师培训。为了规范森林康养的发展，韩国于 2005 年颁布了《森林文化：休养法》，并对《森林文化：休养法》进行了6 次以上的修订。2015 年，韩国国会颁布了《森林福利促进法》，将森林福利作为国家福利的组成部分，通过建立森林疗养基地、森林营地等措施，使民众能广泛享受"森林福利"。与日本类似，为了让森林康养更加健康地发展和普及，韩国还建立了森林理疗师培训体系和森林讲解员制度。

三是森林康养基地设施一流，价格低廉。韩国的森林康养基地大多建在休养林中，住宿条件一流。国有康养基地的住宿标准有严格限制，确保普通百姓能够负担，以此增加森林康养在民众中的覆盖面。一流的设施和低廉的价格促使森林康养在韩国人气非常高，甚至有数据显示韩国民众对森林康养活动的参与程度要高过日本。

四是实行预约制度，抽签选择体验者。韩国的森林康养基地与德国类似，严格执行预约制度，确保森林康养基地的运行在其承载能力之内。因此，民众参与森林康养必须要通过激烈的竞争。特别是在夏季的 7 ~ 8 月，基地需要通过抽签来选择体验者。总体而言，预约往往需要提前两到三个月。对于访客爽约的情况，从 2016 年开始，韩国决定对经常爽约的访客实施限制措施，对于无联络就爽约两次以上的访客，将被禁止在 90 天内预约森林康养基地。

（二）国内实践案例

1. 浙江省丽水市区域公用品牌建设

有着"九山半水半分田"之称的丽水，虽然生态农产品的品质好，但受制于知名度低、农业主体小散弱等，在初期农产品难以被广大消费者认可。为此，丽水市政府委托浙江大学卡特中国农业品牌研究中心策划，创建了覆盖全市域、全品类、全产业链的农业区域公用品牌"丽水山耕"。2017 年 6 月 27 日，"丽水山耕"成功注册为全国首个含有地级市名的集体商标，实行政府所有、生态农业协会注册、国有公司运营的"母子品牌"运行模式，对标欧盟最严格的"肥药双控"，进行标准认证和全过程溯源监管。截至 2021 年 4 月底，丽水市生态农业协会会员总数达到 629 家，全省获得"丽水山耕"品牌认证的企业共 390 家，加入省市两个平台追溯体系的企业达 1419 家，累计申领使用的溯源二维码防伪标签有 320 万张。2018—2020 年，"丽水山耕"连续 3 年获得中国区域农业品牌影响力排行榜区域农业形象品牌类榜首的荣誉。2020 年，丽水市 323 个生态农产品年销售额为 108 亿元，平均溢价为 30%，有效促进了生态农产品的价值转化。

2019 年 4 月，"丽水山居"集体商标注册成功，成为全国首个地级市成功注册的民宿区域公用品牌，激活了一大批"小而美"的乡村特色精品民宿。2019 年，丽水市在发布的《"丽水山居"民宿服务要求与评价规范》中要求"丽水山居"民宿产品拥有舒心、贴心、放心、开心、养心"五心"标准，提升了民宿行业的服务要求，为乡村旅游可持续发展提供保障。截至 2020 年年底，全市发展农家乐民宿 3380 家，从业者近 3 万人，全年接待游客 2205 万人次，营收达到 22.7 亿元。

2. 江西省抚州市资溪县探索建立"两山银行"

资溪县是生态大县。为了将沉睡的生态资源有效盘活，资溪县借鉴银行"分散化输入、集中式输出"的经营理念，在江西省率先创建"两山银行"，探索形成生态产品价值实现机制的"资溪方案"。

资溪县通过集中赎买、集中管理、集中经营，实现了林业的集约化、规模化经营，形成了优质、高效的资源资产包，运用项目收益、抵押贷款、资本运作等方式将资源转化为资金，即让森林资源变资产、资产变资本、资本变资金，从而实现高水平的"靠山吃山",具体措施如下。

一是畅通"两山"转化通道。资溪县在创建江西省第一家"两山银行"时,探索出"存入绿水青山、收益金山银山"的转化模式,通过"两山银行"实体化运作,共收储山林 16.8 万亩,河湖水面 4200 亩,闲置农房、土地经营权等生态资源资产 20 余项,总价值超过 10 亿元。资溪县筹资 5 亿元设立了生态产业引导基金,撬动社会资金 10 亿元发展林业及林下经济,并将 20 多亿元投入旅游产业。

二是助推生态产业发展。资溪县通过推动生态产业化、产业生态化,使生态产品价值得到充分显现。资溪县推动乡村旅游"一村一品"特色发展,挖掘毛竹和面包两大资源优势,规划建设生态工业园区,实现竹科技精深加工、食品深加工等产业集群化发展。截至目前,其已引进大庄竹业、庄驰家居、未家家居等竹科技龙头企业入驻,费歌肉松、综合食品厂相继试产投产,鲍师傅食品加工项目基本建成。

三是实现国有资产优化。资溪县投资公司通过资源收储整合,使总资产达 100 亿元,信用评级达 AA-,并成功发行了首笔 2 亿元的公司债,组建了两山林业、纯净文旅等平台公司,参与生态资产运营和交易,实现国有林场等资源集中集约经营,有效保障了竹加工企业的原材料供应,推动真相乡村、大觉溪旅游区相继成为国家 4A 级旅游景区。

四是助力民营企业发展。辖内金融机构支持竹木产业发展,为 20 余家企业发放贷款近 4.2 亿元;县邮储银行利用水资源权证质押,发放贷款近 8000 万元,帮助企业解决流动资金问题;县农商银行等创新发放特种养殖权质押贷款近 2500 万元,推动特种养殖企业转型发展。资溪县还成立了纯净资溪生态产业协会,全县 180 余家生态企业入会,探索 NPO(非营利组织)的运作模式,推动全县生态领域企业资源共享、抱团发展。

五是帮助农民增收致富。资溪县通过"两山银行"将生态资源转化为生态资产、生态财富,既促进了生态产业发展,也让群众得到了更多的生态效益实惠:一方面,生态资源本身实现了增值,辖内毛竹林的流转价格由之前的每年每亩 12 元涨到 40~50 元,杉松木林由每年每亩 600 余元涨到 1000 余元,荒山由每年每亩 10 元提高到 20 元;另一方面,各地因地制宜发展乡村产业,盘活村集体的生态资源,全面消除集体经济薄弱村,全县所有村级集体年收入达 10 万元以上,其中有 4 个村超过 100 万元。

3. "蜂盛蜜匀"助力农民增收

冯家峪镇位于北京市密云区的西北部,西与怀柔区接壤,北毗邻河北省滦平县,东与不老屯镇交界,南邻密云水库北岸,距密云城区约 41 千米,镇域面积约为 214.25 平方千米,白马关河流经全镇,鉴于该镇山多地少,耕地面积约为 9.07 平方千米,山场面积约为 183.76 平方千米,林木绿化率达 89.1%。2017 年,冯家峪镇在西口外村建了北京市首座崖壁蜂场,成为全国最大的崖壁蜂场,努力实现了经济发展与生态保护的双赢,是 "绿水青山就是金山银山" 理念的生动实践。经多年奋斗,中华蜜蜂产业已成为冯家峪镇最重要的产业之一,发展蜂农 162 户,越冬蜂群 7830 群,2021 年春蜂群总数超过 1.3 万群;2020 年完成财政收入 4729.6 万元,同比增长 25.1%;农户所得总额为 2.26 亿元,同比增长 2.5%;农村居民人均可支配收入为 26370 元,同比增长 3%;全社会固定资产投资为 1490 万元。该镇的主要做法如下。

一是注重品牌打造。冯家峪镇积极引进北京市农林科学院植物保护环境保护研究所的中华蜜蜂种王培育技术,建设中华蜜蜂良种繁育示范基地,培育优质蜂王,使蜂王产子量提高 20%;与中国农业科学院蜜蜂研究所合作,研发百花蜜、福蜜、压榨崖蜜、崖壁巢蜜等产品,成功注册 "益窝蜂" "大熊牌中华蜜" 两个品牌。

二是坚持规划引领。2016 年,冯家峪镇将中华蜜蜂养殖列入 "十三五" 规划,确定为镇域农业主导产业,并成立中华蜜蜂产业发展专班,精准施策,发展壮大中华蜜蜂产业。

三是加强生态保护。冯家峪镇的蜜源植物有上千种,其中中草药蜜源植物近百种,为中华蜜蜂饲养提供了优良的蜜源。流经全镇的白马关河断面水质始终保持国家地表水二类以上标准。2020 年冯家峪镇 PM2.5 平均浓度为 24 微克 / 立方米,为中华蜜蜂提供了优质的生存环境。

四是鼓励特色发展。600 多只不同颜色的蜂箱悬空挂在百余米的山崖峭壁上,既还原了中华蜜蜂的野外生存环境,减少人为干预蜜蜂的生存状态,也有利于抵御天敌侵害。目前,全国范围内只有四川省青城山、湖北省神农架、北京市冯家峪拥有崖壁蜂场。

五是拓展蜂旅融合。依托中华蜜蜂养殖及特色崖壁蜂场，冯家峪镇积极打造"悬蜂谷"旅游沟域景区，配合蜜蜂基础知识讲解、投影视频、蜜蜂产品展示等开展中华蜜蜂科普教育，累计接待游客 3 万余人次，获得旅游销售收入近 200 万元，并成功举办了 3 届中华蜜蜂割蜜节，初步实现生态资源向绿色产业的转化，促进了一产、三产融合发展。

六是强化支撑保障。2016 年年初，冯家峪镇成立了北京保峪岭养蜂专业合作社，主要从事中华蜜蜂养殖、繁育及技术服务，充分发挥专业合作社的引领示范作用。合作社免费为低收入农户提供蜂箱、蜂具；强化技术指导，为蜂农提供大量的技术服务，培养具有丰富实践经验的养殖专员 50 余人，开展培训活动 1200 余次，培训人数超过 10000 人次。合作社根据产品质量，以 50 ~ 100 元每千克的价格统一回购蜂蜜，保证蜂农收入。

4."陆河青梅"成就产品溢价

陆河县地处广东省汕尾市，县域总面积为 986 平方千米，下辖河田镇、东坑镇、螺溪镇、新田镇、上护镇、水唇镇、河口镇、南万镇 8 个镇和国营吉溪林场，总人口为 35.4 万人。陆河青梅被列入国家地理标志保护产品。青梅对气候条件要求严格，且开花很早，在春寒之地往往"花而不实"，因此在全国分布不广。陆河县的气候环境非常适宜青梅的生长，种植面积超过 10 万亩，年产青梅超过 2 万吨，鲜果产值超过 6000 万元。其中，东坑镇、水唇镇、河口镇的种植面积最大，石塔、竹园、共光、福新、罗洞、剑门坑等乡村被人们称为"青梅之乡村"。陆河县不仅青梅产量大，还是全国著名的赏梅胜地：东坑镇的"共光万亩梅园"距县城 8 千米，获评省 4A 级农业公园；水唇镇的"螺洞世外梅园"为国家 3A 级景区，是粤东最大的连片观赏梅园，拥有丰富的生态旅游资源，休闲农业与生态旅游融合发展的前景巨大。陆河县的主要做法如下。

一是因地制宜，提高生态产品品质。陆河县通过开展气候观测，结合气象和青梅种植大户的优势条件，总结气候条件对青梅产量、质量的影响及应对办法，了解青梅花期的差异，帮助农户利用物候方法提高青梅品质。同时，陆河县通过发展家庭农场、建设青梅产业园和成立农业合作社的方式，全面转变传统生产模式，广泛应用第三代微生物肥料和生物杀虫剂，并且开发了"青梅种植＋土鸡放养+猪繁养殖+沼气利用+山塘养鱼"的立体生态种养模式,不仅大幅提升了青梅产量,也提高了青梅的品质,使其更加绿色健康。

二是政企扶持,推进青梅产业发展。陆河县委、县政府立足山区资源优势,在推进青梅果品产业化方面坚持以市场为导向,以科技进步为依托,不断改良品种,把社会化服务体系建设与发展果品产业有机结合,发展水果种植和加工贸易;扶持壮大青梅龙头企业,大力发展青梅深加工业,以工业化理念发展青梅产业,推进陆河县青梅产业健康持续发展。例如,水唇镇成立了南跃青梅加工厂等,开发出话梅、脆梅、梅饼、梅片等众多受群众欢迎的产品,提高了青梅的经济效益。同时,陆河县政府出台一系列扶持政策,对荣获中国驰名商标、省著名商标的企业进行奖励,鼓励加工龙头企业、合作社、销售公司和经纪人联合农户和基地,从事青梅收购、加工和销售。在陆河县农业农村局的带动下,陆河青梅协会、陆河国泰青梅产业发展有限公司等社会主体,在青梅种植、技术加工、销售拓展、旅游开拓等方面聚力同心、协同合作,全面推进青梅产业发展。

三是科技助力,提高产业竞争能力。陆河县成立青梅研究所,与广东省农业科学院果树研究所合作,培育、引进优势品种,开展标准化种植与技术培训,提高青梅在种植、管理方面的技术水平;建立青梅产业园,集聚土地、信息、科技、人才等生产因素,将其作为农业科技成果转化的孵化器,大力开发青梅深加工技术;依托产业园构建联通市场的通道,在选育青梅新品种和保证种植的同时拓展销售渠道、延伸产业链条、完善产业配套、壮大产业规模,逐步提高青梅产品效益和市场竞争力。

四是探索惠农机制,增强发展内生动力。陆河县以生态富农为目标,大胆改革、不断探索"以梅惠农"的共治共享机制。在县委、县政府的支持下,水唇镇成立了汕尾市第一家由村集体和村民共享股权的村级股份制公司——广东螺洞投资发展股份有限公司。该公司开展以"股份农民"为核心的"三变"改革,鼓励全体村民以土地、山林、现金等形式入股,以筹集资金、土地打造梅园景区。林地被征用的村民以每平方米130元入股,其他村民也可以按每股1万元现金入股。梅园景区交给公司统一打理,村民每年可获得每股800元的分红,村民成为公司的股东和员工,与公司形成利益共同体。

五是以梅为媒,精准打造生态景区。陆河县充分挖掘生态旅游潜力、因地制宜、精准定位，实施"青梅+旅游"的特色发展模式，发展梅林生态旅游，成功打造"螺洞世外梅园""共光万亩梅园"景区，把青梅文化、客家文化融入乡村生态休闲旅游中。例如，东坑镇对"共光万亩梅园"景区进行全方位的科学规划，按国家4A级景区标准对景区进行精细营造，建设游客服务中心、"岭南香雪"景亭、沿河驳岸、沿溪栈道、商铺、临水民宿等。"螺洞世外梅园"景区意在打造集赏梅游梅、民俗体验、生态休闲等功能于一体的特色赏梅旅游区和乡村深度体验游胜地，并以梅为主题建设了雷石问梅、千潭映梅、清溪探梅、月影品梅、青岗踏梅、云根望梅6大片区，汇集了剑劈石、摸鱼池、踩香云径等29个景点。与此同时，陆河县不断丰富旅游产品种类、完善配套设施，修建了休闲度假中心、观光农园、攀岩基地、民俗民宿等，使梅园成为四季美景不断的综合旅游胜地。

5. 贵州省黄平县推进稻渔综合种养

贵州省黄平县紫营种养殖农民专业合作社是一家以生态米、稻田鱼等农产品生产、深加工及农产品购销、旅游观光为一体的农业合作社。合作社位于上塘镇紫营村，紫营村现有9个村民小组，共440户1448人，曾有建档立卡贫困户80户338人，现已全部脱贫。2019年，在上塘镇和紫营村的支持和帮助下，中共党员王龙杰、简能江等5人通过筹资成立了黄平县紫营种养殖农民专业合作社，注册资金100万元。通过几年的发展，合作社现有社员440户，其中建档立卡户80户，覆盖紫营村的全部农户；同时注入产业扶贫资金80万元，80户利益联结贫困户进行入股分红，每户每年能分红600元。合作社的1000余亩流转稻田作为稻田综合性产业基地，辐射带动了周边5000余亩稻田实施稻渔综合种养项目。合作社的主要做法如下。

一是创建品牌。紫营村地处朱家山原始森林东南麓，当地官田坝的土质独特，出产的大米质优且口感佳，据历史记载这片土地曾被划为官田，用于生产贡米。如今，合作社已将上塘镇紫营村官田坝出产的大米注册为"官田坝贡米"，作为合作社品牌进行包装打造。

二是创新种养模式。为了使贡米品质得到保障，在县农业部门的技术指导下，合作社将稻渔综合种养作为主打产业。在稻田里养鱼，通过鱼的活动来促进水稻的生长，减少对农药、化肥的使用，形成"稻生鱼、鱼促稻"的模式。

三是促进供需对接。合作社采用了"内生动力与外在推力"相结合的方式，持续激发创新活力：一方面通过认真做好生产工作，确保农特产品质量的安全可靠；另一方面积极与贵阳盒马生鲜、"扶贫超市"进行对接，签订合作协议，同时结合旧州古镇、镇远古镇的旅游资源优势，确保销量，采用"农企合作"和"农超合作"等模式，实现产销对接。

四是推进融合发展。合作社大力发展稻渔综合种养产业，并通过推进稻田鱼生产、加工销售，以及"休闲垂钓＋餐饮"等产业融合发展的新模式，提升产业发展合力和产品附加值，有力支撑了乡村振兴发展。

（三）启示

第一，健全产权制度是私人产品类生态产品价值实现的基础。产权制度是生态产品交易的前置性、基础性制度，当前生态产品价值实现领域面临资源产权不明晰、环境产权缺失、交易机制不完善等突出问题。私人产品类生态产品作为容易界定产权的一类生态产品，首先要明晰产权，之后形成完整的使用权、收益权、处置权等产权体系。从私人产品类生态产品的经营开发来看，更重要的是要放活使用权，通过产权的出让、转让、出租、抵押、担保、入股等方式，推动生态产品转化为具有商品属性的可交易产品，促进产权流转和交易，激发市场活力，促进生态产品价值实现及增值。

第二，通过建设功能平台来提升私人产品类生态产品价值实现的效率。近年来，各地方积极开展对"两山银行""生态银行"方面的探索。例如，福建省率先在全国建立"森林生态银行"，江西、浙江等省也在推进"两山银行"建设，截至 2021 年年底，浙江省已成立 29 家"两山银行"，净资产超过 200 亿元，带动 400 多个村集体增收。"两山银行""生态银行"等生态资源资产运营管理平台适用于私人产品类生态产品的市场化价值实现，其不仅具有整合、保值、增值与退出功能，通过产权流转扩大资产包规模，有效解决生态资源资产分散的问题，还方便对接专业化的运营团队和龙头企业开展经营开发，有利于对接金融机构并引入绿色金融支持。因此，私人产品类生态产品的市场化经营开发应鼓励各地建立国资控股的生态资源资产运营管理平台公司，借鉴福建"森林生态银行"、江西和浙江"两山银行"的模式，推动生态产品产权流转和规模化开发，吸引社会资本参与，提升经营开发的效率和效益，政府和入股的利益相关方也能分享到生态产品价值实现的收益。

第三，通过新技术、新业态推进高质量的生态产业化发展。近年来，商务部门大力推动电商发展，会同财政部、国家乡村振兴局大力推进电子商务进农村综合示范工作。2021年，全国农村网络零售额超过2万亿元。"互联网+"技术的普及拉近了供给者与消费者之间的距离，既可以有效促进供需对接，通过农村电商等新模式，也大大扩展了私人产品类生态产品的销售半径，使得"买全国、卖全国"成为可能。同时，一些"文化+""健康+"的新业态也在各地兴起，农副产品生产、手工艺品加工、乡村旅游、民宿文化等业态与大健康、大文化产业融合发展，开发出了私人生态产品经营开发的新形态，有效促进了生态产品价值的实现。

第四，建立统一、规范的生态产品认证机制。统一、规范的生态产品认证有利于激发私人产品类生态产品的消费潜力，进而通过消费牵引提升生态产品的有效供给。目前，我国在节能、节水、循环、低碳、再生等领域建立了专项的绿色产品相关认证，以及地理标志产品、有机产品等多种与私人产品类生态产品相关的认证，既给认证管理带来了一定的困难，也提升了企业重复检测、认证的成本，增加了消费者的辨识难度。2016年，《国务院办公厅关于建立统一的绿色产品标准、认证、标识体系的意见》（国办发〔2016〕86号）印发，提出要整合相关认证，建立统一的标准、认证和标识体系。但从目前来看，进展较为缓慢。应当参考欧盟生态认证体系的经验，整合现有绿色农产品、有机农产品、生态原产地保护产品、森林生态标志产品等认证标准，联合各部门建立统一的生态产品认证评价标准体系，制定具有政府公信力的生产标准、加工标准和品级评定标准，促进认证体系的国际互认，为打开国际市场提供助力。同时，规范第三方生态产品认证机构管理，制定和发布统一的生态产品评价标准清单和认证目录，提升认证规范性和可信度。

三、机制设计

私人产品类生态产品具有排他性、竞争性特征：一方面，排他性及竞争性的双重特征决定了消费群体规模不仅有限而且非常小，由于影响范围较小，政府介入动力不足；另一方面，竞争性导致市场在其中能发挥较大的作用。因此，在生态产品价值实现的推进过程中，经济人动机是主要动力，并且市场在其中发挥着主体作用。在私人产品类生态产品价值实现的具体运行环节中，政府承担监督管理、规范市场、适时调节等责任；市场发挥主体作用，承担开发运营、产品和服务供给等责任；社会组织和公众承担参与产品供给、市场监督等责任。"三链"在私人产品类生态产品价值实现中必须协同推动，以产业链承载价值实现的丰富业态和模式，以金融链为产业链各环节提供资金保障，以数据链促进生态产品供需精准对接和价值实现提质增效。经过上述运行，当特定的私人产品类生态产品成交时，价值实现。具体的价值实现机制设计如下。

（一）明确参与主体

私人产品类生态产品价值实现机制，既需要政府作为市场监督者和规则制定者，也需要企业、村集体、个人等作为市场供给和消费的主体共同参与其中，从而实现"市场供给—市场购买—政府监管"的通畅路径。市场供给、市场购买就是要发挥市场在资源配置中的决定性作用，通过经营开发生态产品、发展生态产业等方式实现生态产品的价值保值、增值，确保生产端能够保质、保量地实现供给，促进供需有效对接，激发消费端的潜力，最大限度地提高生态产品的溢价价值，实现生态产品资源配置最优化、效益最大化。政府监管主要是指政府要搭建基础平台，强化政策设计、制度安排及市场监管，建立基本的市场规则，并通过建设基础设施和基本公共服务设施、推进生态环境保护修复等为推动生态产品价值实现提供基础支撑。政府也要在收益分配等市场难以有效调控的环节及时补位，让广大群众都能通过生态产品价值实现获得普惠收益。同时，发挥公众和社会组织在参与生产、监督中的重要作用。

（二）畅通两大环节

私人产品类生态产品价值实现机制要紧紧围绕生态产品经营开发的生产、交易两大环节展开设计。

1. 生产环节

鼓励更多经营主体进入供应端。推进从土地承包权和经营权分离的模式向林权、水权、草权等领域延伸，实行所有权、承包权、经营权分置并行，通过承包经营及承包经营权流转吸引更多经营主体经营开发生态产品，赋予经营者同等的抵押、担保、贷款权能，适度扩大经营权的出让、转让、出租、抵押、担保、入股等权能。在合法、合规的前提下，政府应积极构建激励机制来扩大私人产品类生态产品的供给，为经营开发者提供税收优惠、租金减免等支持，探索实行"点状供地"等方式保障土地供给。

提升生态产品产业链、价值链。当前私人产品类生态产品的生产多以农产品等初级产品为主，产业链短、附加值较低。为此，一方面，要依托不同地区独特的自然禀赋，推广人放天养、自繁自养等原生态种养模式，这种生产方式既能最大限度地保护生态产品的生产环境，又能最大限度地降低人工劳动对当地自然环境的干扰，提升产品品质和附加值；另一方面，应着力推动产业向下游延伸，由初级农产品延伸至精深加工产品，提升产业链附加值，并且通过推动一二三产深度融合发展，推进产业链合作形成产业聚落，根据各地的比较优势培育差异化的优势产业，发展一批集专用品种、原料基地、加工转化、现代物流、便捷营销为一体的农产品加工园区和产业融合园区，提升产业竞争力。

加大金融支持力度。金融服务是生态产品价值实现的重要支撑和资金保障，但当前绿色金融体系支持生态产品价值实现的机制还不够完善，金融机构仍然以抵押物价值和未来收益的"现金流"作为放贷的重要标准，这在一定程度上限制了企业和社会各界参与生态产品价值实现的积极性。地方政府应统筹相关财政资金，积极吸纳社会资本，设立相关支持和引导基金，设立基金投资运营公司，重点支持生态产品价值实现类项目；鼓励金融机构探索生态资产抵押模式，开发水权、林权等使用权抵押、信用担保等多种金融产品；在合法、合规的前提下，对生态产品经营开发主体适当放宽信贷条件、降低贷款利率、提高贷款周期；加快建立信贷担保体系、经营开发保险体系，降低生态产品经营开发的相关风险。

2. 交易环节

促进供需精准对接。连接供需是市场形成的先决条件，生态产品经营开发面临的首要问题是供需没有对接，目前主要存在两个层面的供需对接问题：一方面，好的产品没有与消费者形成有效对接，农村电商和线上交易平台的不断完善为供需对接提供了便利条件，但还普遍存在交易平台小、散、乱的问题，一些电商平台的管理也亟待规范，尚无法满足消费者需求；另一方面，大量的社会资本无法与优质的生态资源形成对接，找不到合适的经营开发项目，造成优质生态资源的闲置和浪费。政府要着力搭建资本与资源、生产者与消费者之间的桥梁，建立区域性的生态产品交易中心，推动区域优质生态产品在交易中心集中展示和交易，交易中心对展示和交易的生态产品要建立认证审查和质量把控的相关机制，提高交易的规范性和可信度；利用大型商品交易博览会模式，定期开展生态产品推介博览会，提升生态产品交易量。例如，2021 年的"四川省新电子商务资源对接会"，有 10 多家重点电商平台和 150 余家生产、流通企业代表参加了对接活动，为全省生态有机农特产品拓展网络销售渠道提供了便利，政企合作搭建"川字号"优质农产品品牌云上展览馆，遂宁鲜、天润雅安、雅鱼等 10 多个品牌先后入驻，包括抖音、今日头条、微信视频号在内的线上浏览量共计 1.6 亿次。此外，要注重规范电商平台管理，强化平台对所售产品质量的监督管理职责，禁止电商平台"二选一"行为，为中小经营者提供更广阔的发展空间。

建立全过程产品质量追溯体系。品质对私人产品类生态产品的价格影响非常大，如特殊产区、特殊品种的普洱茶与普通的普洱茶价格相差上千倍，在利益的驱使下，市场上以次充好的违法违规行为屡禁不止。因此，需要加快建立生态产品领域的质量追溯体系，确保产品全过程可追溯，这有利于提升生态产品的市场认可度，增强消费者的购买意愿。例如，云南省普洱市应用区块链技术，通过

NFC芯片将普洱茶饼独特的纹路特征记录下来并与数字"身份证"相匹配，解决了生态产品质量"良莠难分"的问题；江西省建立了食品安全溯源平台"赣溯源"，并已经入驻国务院客户端小程序。各部门要积极推动对物联网、云计算、电子标签等现代信息技术的应用，推进多部门协同建设质量追溯体系，推动产品质量追溯的标准化。

加强生态产品品牌建设。目前生态产品市场经营开发主体普遍小而分散，所打造的生态产品品牌往往也比较独立、零散，缺乏市场竞争力。同时，维护、扩大产品品牌影响力往往需要投入较大的成本，也客观阻碍了生态产品品牌向高端化、知名化迈进。因此，政府需要介入，帮助相关产业建立区域性公用品牌，推进生态产品品牌的标准化建设，整合形成区域性生态产品大品牌，统一标准、统一要求、统一宣传，建立品牌规范化管理制度，构建企业信用体系和区域公用品牌认证挂钩机制，这既能降低企业品牌建设成本，又能提升品牌的公信力和权威性；根据地方探索经验，可以采取"母子品牌"等运作方式，加强品牌整合力度，推动将区域内特色乡土品牌和产品整合纳入生态产品区域大品牌；制定种养殖技术规范，推动标准化生态有机种养模式，打造优质私人产品类生态产品展馆，扩大品牌知名度和影响力，形成规模优势。

建立合理的收益分配机制。在支持乡村和生态地区推进生态产业化的过程中要注重保护好农民的利益，让农民通过保护环境、参与产业劳动获得收益，形成良性发展机制，保障参与生态产品经营开发过程中的村民利益，这是推动生态产品价值实现、促进共同富裕的根本要求。从已有实践探索看，农民入股参与分红是保障经营开发普惠性收益的主要方式，应逐步完善当地村民资产收入、保底收益、入股分红、劳动工资等多样化的利益分配机制。

（三）"三链"协同推进

1. 数据为基，针对产业链、金融链需求，构建生态产品数据链

数据链包含生态产品的基础信息、生态产品经营开发的企业和项目数据、可供选择的金融工具等数据信息。为此，一方面，要将生态产品的基础信息完整纳入数据链，例如，依托生态环境、资源、水文、气象、航运、自然灾害等监测网

络体系和监测信息共享机制，运用科技手段对生态产品的数量分布、质量等级、功能特点等基础信息进行捕捉、筛选、分类和整合，并进一步纳入生态产品的使用权、收益权、处置权等权益归属信息及生态产品价值信息等，加快形成生态产品清单；另一方面，要推动数据链与产业链、金融链需求全面对接，例如，收集生态产品保护和开发利用情况信息，推动建立生态产品经营开发的企业库和项目库，服务生态产品产业链的构建，与金融机构充分对接，收集绿色金融支持生态产品价值实现的金融工具相关信息，为政府和企业获得金融支持提供便利。

2. 产业为核，根据数据链、金融链的供需导向，布局生态产品产业链

紧密结合生态环境系统性保护修复工作，探索保护修复与生态产品经营开发相结合的新路径，重点是要建立各类生态产品差异化的产业链模式。物质供给类生态产品产业链要按照"生态种养＋精深加工"的模式，加大科技投入力度，建立产业链公用品牌和质量追溯体系，着力提升产品附加值，优先构建竹、茶、绿色食品等生态产品产业链。文化服务类生态产品产业链要将文化、医养等要素与生态要素相结合，推动一二三产融合发展。同时，要将物质供给类生态产品、调节服务类生态产品和文化服务类生态产品捆绑经营，打造复合式产业链。产业链的构建要根据数据链和金融链的供需导向，由"点上开发"向"链上延伸"转变，提高产业转化的效率和效益。

3. 金融为辅，深度融入产业链各环节，形成生态产品金融链

在前端，要将金融服务与企业、社会组织和个人的"生态积分"等反映生态行为的指标挂钩，注重利用金融工具引导各主体参与生态环境保护修复，探索以REITs模式开展生态产品资产证券化的路径；在中端，要利用生态基金、生态债券、政策性银行贷款等金融工具引入社会资本，开展以生态信用积分、生态资产经营权、生态公益林补偿收益等为抵押或质押的绿色信贷服务，为生态产品市场主体提供融资支持；在后端，要通过创新远期、掉期、期货、期权及其他衍生品等生态产品金融交易工具，降低生态产品相关交易费用，提升生态产品交易市场活跃度。金融链要以数据链相关信息为重要参考，全面参与产业链发展的全过程，积极发展生态产品供应链金融，探索形成生态信用贷、生态资产贷、经营资产贷、

供应链贷、资产证券化等全链条金融工具包。私人产品类生态产品价值实现机制设计如图 4-2 所示。

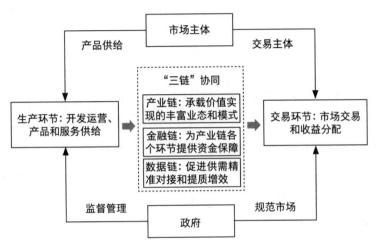

图 4-2　私人产品类生态产品价值实现机制设计

四、价值实现模式

从价值实现机制设计来看，私人产品类生态产品是通过市场来完成供给和消费的。在这个过程中，政府进行监管，主要的价值实现模式包括合作经营、公用品牌建设、混合开发利用等。

（一）合作经营模式

合作经营模式一般由多方主体通过分工合作的方式开展生产、运营、管理，实现生态产品供给的规模化、标准化、集约化。在具体操作中，一般采取两种模式。

一是"公司＋合作社＋农户"模式。这一模式在脱贫攻坚和乡村振兴工作中已得到充分实践，公司、合作社、农户等多个主体共同参与经营开发。其中，公司负责种养、管理、销售；合作社负责土地流转、劳务用工及相关协调服务；农户将土地入股合作社,平时可以优先在基地务工。待产生收益后,公司、合作社、农户三方按比例分红。在这一过程中,农户处于相对弱势地位,要特别注重保障农户收益,完善乡村集体资产收益分配制度。农村集体经济组织分配收益主要是按成员所持有的份额进行分配的。政府要引导龙头企业与小农户通过股份合作等形式建立利益联结,共享产业增值收益;鼓励农民用知识产权、土地经营权、林权等各类要素作价出资入社,分享发展收益。

二是建立生态资源资产运营管理平台规模化经营的模式,即"生态银行"模式。建立国资控股的生态资源资产运营管理平台,借鉴商业银行分散化输入和集中式输出的方式,将分散化的生态资源经营权进行整合,再与后端龙头企业对接开展经营开发,供给私人产品类生态产品,以克服资源分散难以统计、碎片化资源难以聚合、优质化资产难以提升、社会资本难以引进等经营开发难题。

从"三链"作用来看,在产业链方面,发挥龙头企业的带动作用,以订单引导合作社和农户按照公司标准开展生产,结合企业经营情况拓展相关业务,形成规模化、生态化的生态产品产业链;在数据链方面,汇集生态产品使用权、收益权、处置权等权益归属信息和生态产品开发利用情况信息,形成生态产品经营开发的企业库和项目库,促进龙头企业与合作社、农户进行对接;在金融链方面,发挥龙头企业和合作社的作用,积极对接金融机构,开展订单供应链金融服务、资产抵押融资服务等。

(二)公用品牌建设模式

公用品牌建设模式是指在特定的地理环境中,经过长期积淀,对独特的自然资源及长期的种植、养殖、采伐方式、加工工艺等生态产品,由经销主体经营管理,通过法律授权制定公用标志和符号,形成公用品牌。纳入公用品牌的所有产品共用品牌所带来的溢出效益,同时也必须遵守公用品牌规定的质量标准、种养规则、生产规范等要求。这样做,一是要发挥政府背书作用,由政府出面推动公用品牌建设,如丽水市政府成立了专门的公用品牌运营平台,以节约企业成本和提高品牌权威性;二是要发挥行业协会的作用,由行业协会推动行业的监管和品牌标准的制定,由专业的人做专业的事;三是要建立一系列保障机制，认证标准要对产品的生长环境、生产流程、质量检测、包装物流等相关方面提出标准化要求，溯源体系要构建质量追溯系统平台，将生态环境质量、农药化肥施用情况、生长情况、收获包装情况等信息纳入追溯系统，实现从田间到餐桌的闭环式管理。

从"三链"作用来看，在产业链方面，要推进产业链的标准化，根据认证标准实现标准化生产；在数据链方面，重点采集生产流程、营销推广、安全检测、环境影响等数据，支撑公用品牌产品的标准制定和认证；在金融链方面，要鼓励金融机构对纳入公用品牌的相关企业提供更便利的金融服务，包括产业股权投资、供应链金融、产权直抵、资产收集、融资贴息等服务，提升企业参与品牌建设的积极性和规范性。

（三）混合开发利用模式

混合开发利用模式是指综合利用特定地区资源，通过立体、循环、多元化经营开发，形成丰富的私人产品类生态产品。在具体操作中，一般采取两种模式。

第一，切实转变传统生态产品发展方式，推广人种天养、人放天养的生态种养模式，推进农林牧渔产业生产结构的立体化转型，积极探索和发展"林下经济""高山经济""虾稻经济"等高效循环农业生产模式，如浙江省青田县的"稻鱼共生"模式，贵州省黄平县的稻渔综合种养模式，广东省陆河县的"青梅种植＋土鸡放养＋猪繁养殖＋沼气利用＋山塘养鱼"立体生态种养模式等。同时，促进生态产业的集约经营，提高产出率、资源利用率和劳动生产率，提升综合经营效益，促进农民持续、普遍、较快的增收致富。

第二，推动一二三产深度融合发展，拓展产品模式。按照"生态＋"模式，将生态产品、物质性产品和文化产品"捆绑式"经营，提升生态产品经营开发的综合效益。随着消费不断升级，要加强对新技术、新工艺、新方法的运用，加快新产品研发，生产出满足人们日益增长的美好生活需要的新型生态产品，如吉林省延边州利用道地中药材和医药研发技术优势，推动人参、鹿、林蛙、北五味子、桔梗等产品的精深加工，在降糖、降脂、降压及心脑血管养护、免疫增强等领域研发出新产品，发展了老年人保健产品、中药美容产品、药用浴足产品、抗疲劳和机体机能改善产品等系列产品。与此同时，顺应"互联网+"发展趋势，以生态产品开发、产业化运营等为重点，推动"线上"与"线下"融合发展。

从"三链"作用来看，在产业链方面，推动由"点上开发"向"链上延伸"转型，通过培育强化长链条、多产品、高附加值的产业链优势，提升产业发展的效率和效益；在数据链方面，加强对各类信息的收集和对接，加快产业链的提质升级；在金融链方面，借助生态基金、生态债券、政策性银行贷款等金融工具，开发生态信用积分、生态资产经营权、生态公益林补偿收益等抵押或质押绿色信贷服务，辅助数据链的信息提供，促进产业链优化发展。

五、对策建议

（一）建立生态资源资产运营管理平台以促进价值高效转化

借鉴银行分散输入和集中输出的模式，在全国特别是生态功能区以市或县为单元建立国资控股的生态资源资产运营管理平台，将零散、碎片化的生态资源资产通过租赁、转让、合作入股等市场化方式进行集中化收储，再引入、委托和授权专业运营商，进行生态产业导入和可持续运营，实现生态资源向生态资产和生态资本转化，具体措施如下。

一是搭建资源收储运营平台。由县级及以上人民政府牵头成立生态资源资产运营管理平台，可适度引入社会资本参与，在自然资源资产产权确权登记的基础上，开展山、水、林、田、湖、草等自然资源及农村宅基地、集体经营性用地、古村古镇古街等资源的使用权、经营权的集中收储，形成集中连片的优质生态资源资产包。

二是开展生态资源市场化运营。根据不同类型的生态资源特色，设计差异化、市场化的运营路径，并相应引入资源资产评估机构、金融机构、社会资本、专业运营管理团队等，导入生态农业、生态工业、生态旅游等产业，提升生态资源利用效率和产业发展水平，打通生态资源市场化转化渠道。

三是加强风险防控和相关制度体系建设。对生态资源评估、收储、整治、交易和运营等全过程可能存在的风险进行识别、防范和动态监控。建立健全生态资源资产运营管理办法及生态资源资产评估与收储、运营开发等方面的制度体系。

（二）培育私人产品类生态产品的多元化经营主体

私人产品类生态产品经营开发的主战场在广大乡村，但现在乡村经营主体以农民分散经营为主，需要大力培育新型经营主体，进一步提升生态产品经营开发的能力水平，具体措施如下。

一方面，以专业大户、家庭农场、农民合作社、企业等新型经营主体作为推进私人产品类生态产品价值转化的骨干力量，切实保障各类经营主体的核心利益，通过承包农户之间"互换并地"、农户流转承包土地、开展土地股份合作、社会化服务组织与农户联合、工商企业租赁农户承包地或宅基地等多种形式，鼓励将土地承包经营权向专业大户、家庭农场、农民合作社、企业等新型经营主体流转，促进各类支持政策和资金向新型经营主体倾斜；引导发展农民专业合作社联合社，鼓励和引导工商资本到农村发展适合企业化经营的生态产业，鼓励发展混合所有制的产业化龙头企业。

另一方面，农村集体经济组织可以利用未承包到户的集体"四荒"地、果园、养殖水面等资源，集中开发或通过公开招投标等方式经营开发私人产品类生态产品项目；鼓励整合、利用集体积累资金、政府帮扶资金等，通过入股或参股农业产业化龙头企业、村与村合作、村企联手共建、扶贫开发等多种形式发展集体经济。

（三）建立合理的利益分配机制

建立健全的生态产品价值实现机制是生态地区和乡村地区实现共同富裕的重要路径，为防止城市优势资本在生态产品价值实现的过程中占据过多利润，需要在生态产品经营开发中建立合理的利益分配机制，保障村民合法收入，切实推进共同富裕，探索形成"以资源换股份、以资产换产业、以评分换岗位"的集体经济专业治理模式，构建专业运营团队、集体经济组织、农户三方利益共同体，鼓励农民以土地、宅基地等相关权益作为股权入股各新型经营主体，充分享受生态产品经营开发的收益，而不是仅获得较低的固定流转费用。通过合作社运营基金分配、村集体收入分配、入股分红、村集体公益基金支持、劳动收入、流转费用等多样化的形式保障村民收益，引导村（社区）居民增强股权意识，促成农民变股东，主动参与集体经济组织运营管理。

（四）提升绿色金融支持力度

一是完善顶层设计。尽快在国家层面出台《绿色金融支持生态产品价值实现的指导意见》，对强化绿色金融对生态产品价值转化的支撑提供上位指导和约束，明确绿色金融支持生态产品价值实现的总体要求、主要路径、改革机制，指导地方金融机构开展实践创新。

二是创新多元化绿色信贷模式。鼓励金融机构按照市场化、法治化原则创新绿色信贷产品，加大对生态产品经营开发主体中长期贷款的支持力度，合理降低融资成本，提升金融服务质效。支持金融机构将生态资产经营权、经营开发收益权、产品订单等纳入贷款抵质押担保物范围，开展"生态资产权益抵押＋项目贷"等绿色信贷业务。

三是建立绿色金融支持生态产品价值实现的服务保障体系。建立生态信用体系，依托企业经营中的生态环境保护行为（积极购买绿电等），建立企业生态信用积分体系。在保障居民隐私安全的前提下，研究建立将居民绿色生活行为（植树造林、绿色出行、绿色消费等）转化为生态积分的机制，建立个人生态积分利益转化机制。完善担保体系，借鉴各地实践经验，引导国有融资担保机构、"生态银行"等为生态产品经营开发提供担保服务，探索供应链金融模式。建立生态产品价值实现领域的保险制度，丰富经营开发类保险品种，鼓励保险公司对生态产品经营开发活动开展优惠性保险，实行生态资产权益抵押风险补偿金制度。

参考文献

[1] 蔡云辉. 生态资源的资本转换 [J]. 经济问题，2005（11）：12-14.

[2] 高吉喜，范小杉，李慧敏，等. 生态资产资本化：要素构成·运营模式·政策需求 [J]. 环境科学研究，2016（3）：315-322.

[3] 国务院办公厅. 关于建立统一的绿色产品标准、认证、标识体系的意见 [J]. 中国标准化，2017（1）：40.

[4] 李苑. 生态资源怎样转化为生态资产 [J]. 决策与信息（中旬刊），2015（3）：24-26.

[5] 李忠. 长江经济带生态产品价值实现路径研究 [J]. 宏观经济研究，2020（1）：124-128，163.

[6] 李忠. 践行"两山"理论建设美丽健康中国——生态产品价值实现问题研究 [M]. 北京：中国市场出版社，2021.

[7] 李忠，刘峥延. 推动生态产品价值实现机制落地见效 [J]. 中国经贸导刊，2021（11）：41-44.

[8] 刘峥延. 以生态产品价值转化助推乡村振兴——浙江的经验与启示 [J]. 中国经贸导刊，2021（14）：53-56.

[9] 束晨阳. 论中国的国家公园与保护地体系建设问题 [J]. 中国园林，2016（7）：19-24.

[10] 田野. 基于生态系统价值的区域生态产品市场化交易研究 [D]. 武汉：华中师范大学，2015.

[11] 王峰，王澍. 生态文明建设有关制度改革 [J]. 国土资源情报，2017（1）：10-13.

[12] 王晓博，周彩贤，康宁，等. 森林疗养产业发展规划实务——北京的探索与实践 [M]. 北京：中国林业出版社，2019.

[13] 王燕宏. 浅析生态文明体制改革的实践创新 [J]. 消费导刊，2018（1）：112.

[14] 余子萍，王丽，沙润. 养生生态旅游示范区标准构建及环境营造——以句

容市茅山风景区为例 [J]. 西南农业大学学报（社会科学版），2010（5）: 1-4.

[15] 曾贤刚，虞慧怡，谢芳. 生态产品的概念、分类及其市场化供给机制 [J]. 中国人口·资源与环境，2014（7）: 12-17.

[16] 中共中央办公厅，国务院办公厅. 中共中央办公厅，国务院办公厅印发《国家生态文明试验区（江西）实施方案》和《国家生态文明试验区（贵州）实施方案》[EB/OL]. [2017-10-02]. http：//www.gov.cn/zhengce/2017-10/02/content_5229318.htm.

[17] 自然资源部办公厅. 自然资源部办公厅关于印发《生态产品价值实现典型案例》（第一批）的通知 [EB/OL]. [2020-04-23]. http：//gi.mnr.gov.cn/202004/t20200427_2510189.html.

[18] 自然资源部办公厅. 自然资源部办公厅关于印发《生态产品价值实现典型案例》（第二批）的通知 [EB/OL]. [2020-10-27]. http：//gi.mnr.gov.cn/202011/t20201103_2581696.html.

专论五

基于主体功能区三大空间的生态产品价值实现政策设计思路研究

摘 要

本专论基于不同主体的功能定位，分析城市化地区、农产品主产区、生态功能区的生态产品特征、优势及价值实现过程中存在的问题，提出城市化地区以要素保障为核心、农产品主产区以链式思维为抓手、生态功能区以增加供给为导向的不同空间生态产品价值实现政策体系设计思路，在质量、效率和动力转换的过程中更好地协调区域之间的资源配置、空间规划和管理制度的互动合作，实现区域间生态保护、空间开发与经济活动的协调发展。

"十四五"规划提出，我国要形成主体功能明显、优势互补、高质量发展的国土空间开发与保护新格局。若要实现国土空间的高质量开发和高水平保护，核心是区分不同空间的主体功能，根据资源环境的承载能力，确定开发与保护的内容和主要任务。城市化地区、农产品主产区、生态功能区（三大空间）是我国国土空间的主要类型，具有不同的生态产品及价值实现方式。三大空间的生态产品价值实现，要根据不同区域的自然资源禀赋、人口分布、经济社会发展需求，因地制宜地推动两山转换，形成具有地方特色的开发与保护格局。这既是区域为满足当地居民对优质生态产品的需要的现实选择，也是实现区域利益平衡、促进区域协调发展的必然选择。

一、生态产品价值实现的区域异质性分析

我国各地区自然资源禀赋差异显著，平原、丘陵、山川、河流等自然资源的条件和结构迥异，发挥着不同的生态功能，是生物多样性和人类经济社会发展的基础。各地区生态产品的生产能力不同，工业化程度差异较大，农产品主产区、城市化地区及生态功能区的民众对生态产品的需求也不同，因此产生了优质生态产品供需的区域差异。根据不同空间功能定位设计生态产品价值实现模式，既是城市化地区、农产品主产区和生态功能区的生态产品价值实现的必然选择，也是区域协调和可持续发展的必然要求。

（一）不同功能区的定位与生态产品类型

1. 城市化地区

城市化地区的主体功能是在高效率发展经济和人口的同时，保护好区域内的基本农田和生态空间，这既能有力保障粮食安全，又能满足当地居民对优质生态产品的需要。从生态产品的供给与需求关系出发，城市化地区生态产品的价值包括供给服务、调节服务和文化服务，对应不同的需求。城市化地区是经济发展程度较高的地区，为主要的生态服务需求方，具备对农产品主产区和生态功能区的帮扶能力。在建立区域生态服务供给关系的基础上，城市化地区应是农产品主产区和生态功能区的补偿主体，是生态补偿资金的提供者。城市化地区天然存在的"生产－消费"联系是当地生态产品价值转化与实现的重要保障。

2. 农产品主产区

农产品主产区的主体功能是保障国家粮食安全和重要农产品供给，限制大规模、高强度的工业化、城镇化开发，以便更好地保护这类区域的农业生产力和生态产品生产力。当前，我国重点构建了以东北平原、黄淮海平原、长江流域、

汾渭平原、河套灌区、华南、甘肃新疆等"七区二十三带"为主体，以基本农田为基础，以其他农业地区为重要组成部分的农业战略格局，进一步加强了对农产品主产区的建设。

耕地同森林、草地、湿地等生态类型一样，是生态系统中的一部分。农产品主产区提供了4种生态服务，包括调节服务、供给服务、文化服务、支持服务（见表5-1）。人类通过生产活动在耕地上产出粮食等物质产品；附着在耕地上的农作物等通过自身作用净化空气，提供"生态＋文旅体康"等产业发展载体；将耕地进行改造后，还能使其发挥景观游憩等功能，能够为人类提供消费福利和服务福祉，由此产生的价值是农产品主产区所独有的，并且具有巨大的潜力。

表 5-1　农产品主产区提供的生态服务

服 务 类 型	内　容	功　能	价值实现方式
调节服务	空气质量调节、气候调节、噪声调节、水调节、水供给、侵蚀和泥沙滞留控制、废物处理、自然灾害控制等	生态功能：通过物质循环和其他生物圈循环，调节基本的生态过程和生命支持系统	政府补偿
供给服务	粮食、蔬菜等农作物，林木、渔业等农副产品，以及原材料、基因资源、观赏资源、药用资源等人类消费的产品和服务	生产功能：产品和服务的产出需要消耗功能型的生态服务，如支持服务和调节服务	市场化
文化服务	农田生态景观、农业观光休闲空间，为人类提供旅游和休憩服务	生产功能：农民通过绿化实现景观提升；农场兼营生态休闲旅游、教育、文化遗产等业务	政府＋市场化补偿
支持服务	授粉、生物防治、碳汇、植物养分矿化、土壤形成、固碳、防护林生态服务等	生态功能：为食品、纤维、饲料、木材等的生产提供支持体系	市场化

我国在耕地生态产品价值实现方面主要有生态补偿、金融及税收支持、发展权益保障、生态产业转型等方式。生态补偿是耕地生态产品价值最直接的表现形式，尤其是近年来针对耕地生态价值的补偿政策逐步建立并完善，产生了已有耕地地力保护补贴、生态农业补贴等方式；金融及税收支持是耕地生态产品价值的调节工具，绿色信贷、绿色债券、绿色基金等金融体系的建立及税收优惠等政策

的制定为促进农业绿色发展、鼓励生态农产品的开发与保护提供了有效的手段。此外，耕地占补平衡与休耕轮作制度等保护与促进了耕地生态产品价值的提升。观光农业、体验农业、功能农业等新兴业态的发展，也不断丰富了耕地生态产品的景观功能，带动了农产品主产区生态农产品的转型、转化。

3. 生态功能区

国家重点生态功能区以保护和修复生态环境、提供更多优质生态产品为首要任务，因地制宜地发展不影响主体功能定位的适宜产业，引导超载人口逐步有序转移。根据 2015 年修编的《全国生态功能区划》，按生态系统服务功能进行归类，全国陆域生态功能区可分为生态调节、产品提供与人居保障 3 大类，63 个重要生态功能区覆盖国土总面积的 49.4%（见表 5-2）。

表 5-2　全国陆域生态功能区类型统计表

生态系统服务功能		生态功能区 / 个	面积 /hkm²	面积占比 /%
生态调节	水源涵养	47	256.85	26.86
	生物多样性保护	43	220.84	23.09
	土壤保持	20	61.40	6.42
	防风固沙	30	198.95	20.80
	洪水调蓄	8	4.89	0.51
产品提供	农产品提供	58	180.57	18.88
	林产品提供	5	10.90	1.14
人居保障	大都市群	3	10.84	1.13
	重点城镇群	28	11.04	1.15
合计		242	956.28	100

生态功能区的生态产品类型主要是公共物品和公共服务，该类型空间的生态服务具有显著的跨区域性质。由于历史基础、利益分配、区域功能分工等原因，我国形成了生态环境富集区往往是欠发达区域的非均衡空间格局。国家通过建立区域利益补偿机制来协调不同区域间的资源环境生态服务供给与需求之间的关

系，通过实物、资金、政策等补偿方式来减轻生态功能区的生存和发展压力，以促进区域经济协调发展。对重点生态功能区的均衡性转移支付等生态补偿手段是生态功能区生态产品价值实现的主要途径。

（二）不同功能区的生态产品价值实现路径的差异

1. 各区域主体对生态产品的需求弹性影响其供需平衡

随着经济的发展，快速工业化、城镇化使自然生态系统遭受破坏，生态产品供给数量不断减少、质量不断下降；与此同时，随着生活水平的提高，人们对生态产品的需求在不断地增加，由此导致生态产品的稀缺性、生态产品供需空间错配问题日渐显现。在生态产品普遍稀缺的条件下，城市化地区的生态产品更多地表现为必需品，人们对其需求是刚性的；而对于农产品主产区和生态功能区而言，其对生态产品的需求不强烈。这种需求的差异导致不同区域主体对生态产品的价值认识存在差异，即相对发达的城市化地区有能力、有意愿为生态产品或生态服务进行支付；而农产品主产区和生态功能区等欠发达地区对生态产品的支付意愿相对较弱。

另外，城市化地区能否获得足够的生态产品很大程度上依赖于农产品主产区、生态功能区等功能性区域的供给能力。然而，在生态补偿机制未能有效弥补区域发展差距的情况下，农产品主产区、生态功能区的生态产品供给动力不足，导致不同功能类型地区的生态产品供需空间失衡。

2. 环境污染治理投资的区域非均等化影响生态产品的供给和价值转化能力

我国各地区财政在生态环保领域的支出差异显著。当前生态环保资金需求和财政保障能力之间的矛盾日益凸显，各地区的生态环保投入能够在一定程度上体现出区域财力、地区生态环保投入程度和生态产品价值转化的力度。生态环保支出大致包括环境污染治理、生态建设和保护、能源资源节约利用等方面。从2011—2019 年我国各省（市）环保支出占比的变化情况看，地区差异显著，河北、天津、安徽、吉林等地的环保支出占比增加较显著，其中河北增幅最大，约为 4.25%，而广西、上海、辽宁、西藏、新疆、浙江、江苏、云南等地的环保支出占比有所减少，减幅约为 3.28% ~ 0.44%。

环境污染治理是生态环保支出的重要部分。从环境污染治理投资占 GDP 比重的情况来看，2018 年全国均值为 1.15%，远低于《全国城市生态保护与建设规划（2015—2020 年）》提出的环保投资占 GDP 的比重不低于 3.5% 的标准。广东、上海、湖南、福建、四川、江苏、浙江、重庆等地的环境污染治理投资占 GDP 比重低于全国平均值，新疆、内蒙古、宁夏、北京、西藏、安徽、山西等地的环境污染治理投资占 GDP 比重高于全国均值的 1 ~ 2 倍（见图 5-1）。

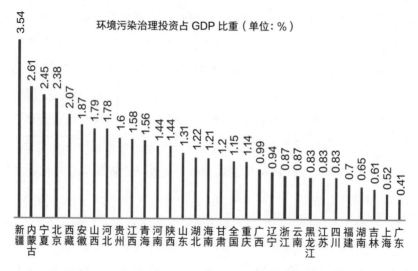

图 5-1　2018 年我国各省（市）环境污染治理投资占 GDP 比重图

各地区的环保产业发展也能在一定程度上体现出生态环境治理能力、产业转化能力、市场化价值实现的程度。浙江、江苏、山东、广东等地在生态产品价值实现的市场化探索方面较为深入且较为成功，政府环保支出占财政支出的比重相对减少，而环保产品生产、环保服务、资源循环利用产品生产、环境友好产品生产产业得到了一定程度的发展。这表明市场化方式有效缓解了当地财政的支出压力，环保产业区域非均等化的发展在生态产品的初始供给，以及生态产品的设计、生产在生态产品价值转化和实现中提供有效助力的同时，也进一步拉大了不同区域生态产品价值实现的差距。

2019 年我国各省（市）环保企业的区域分布如表 5-3 所示。

表5-3　2019年我国各省（市）环保企业的区域分布

区　域	省（市）	企业数量 / 家	区　域	省（市）	企业数量 / 家
东部地区（5317家，约占47.4%）	北京	182	西部地区（2675家，约占23.8%）	内蒙古	139
	天津	157		广西	376
	河北	33		重庆	718
	上海	173		四川	242
	江苏	950		贵州	293
	浙江	973		云南	325
	福建	329		西藏	14
	山东	1112		陕西	35
	广东	1362		甘肃	339
	海南	46		青海	53
中部地区（1913家，约占17.0%）	山西	243		宁夏	29
	安徽	622		新疆	112
	江西	270	东北地区（1324家，约占11.8%）	辽宁	616
	河南	219		吉林	425
	湖北	346		黑龙江	283
	湖南	213			

注：数据来源于《中国环保产业发展状况报告》。

3. 不同区域的分工组织形式影响生态产品价值实现路径

生态产品的普遍性与特殊性决定了生态产品价值实现必须要体现区域功能分工。同一生态产品在不同时空地域具有的特殊性，以及不同生态产品的特性，导致了同一生态产品在不同地域的时空价值是不同的，不同生态产品的价值也有所差异。以农产品主产区的生态产品为例，根据杜能农业区位论，区位将对耕地功能产生影响。在经济发达地区，尤其在城市化地区或城市郊区，耕地的生态功能和景观休憩功能会强于生产功能，发展生态农业等产业更容易实现生态产品的价值转化；而在经济相对落后地区，耕地功能以产出粮食等生产功能为主。因此，在生态产品价值实现的过程中，需要把握区域主要功能，重点突出更高或更突出、更容易实现的价值。

公共产品、公共资源、俱乐部产品和私人产品等生态产品类型的供给主体的定位、功能和任务各不相同，对应着不同的供给模式。除中央政府的行为可能会在博弈中无法达到最优外，无论是地区政府之间、政府与企业之间还是企业与企业之间，都应当探索更适合的组织形式。无论是通过生态产品交易市场、统一平台、产业联盟等形式，还是通过发展会员制等订单交易形式，以及区域间统一市场、统一监管等形式，归根结底，价值实现的关键环节是搭建生态产品的供需平台，探索适应生态产品价值实现的区域组织形式，将供需双方进行合适的连接，实现生态产品的差异化、品牌化价值外溢。

二、不同功能区生态产品价值实现的典型案例分析

经过多年的实践探索，不同功能区形成了独具特色和成效显著的生态产品价值实现路径。城市化地区以城市公园的创新实践为典型代表，破解了城市发展过程中发展与保护的难题，从而提高了生态产品对社会的整体福祉；农产品主产区以生态农产品的价值外溢为典型代表，通过技术创新和品牌运营提升了生态产品的价值；生态功能区以生态银行为典型代表，将生态资源转化为生态资产，提高了生态产品产业化的能力。

（一）城市化地区——成都"绿道＋"模式推进生态价值创造性转化

以成都"绿道＋"模式为例，近年来成都深入推进公园城市建设，建成各级绿道 3689 千米，新增绿地面积 3885 万平方米，建成区绿化覆盖率达 43.5%。"绿道＋"模式主要有以下 4 个生态价值转化路径：一是"绿道＋生态涵养"保育生态资源存量，通过设置 3 级共 73 条生态廊道，实行重要生态绿隔区内用地减量政策；二是"绿道＋场景营造"，通过打造夜市、美食和文旅 IP，培育夜游锦江、江家艺苑等绿道场景品牌 68 个，让绿道成为引领消费时尚、转变发展方式的"产

业道"；三是"绿道＋公共服务"，通过统筹布局 11 类重大公共服务设施，加快构建 15 分钟基本公共服务圈，提升绿道系统的可达性；四是"绿道＋制度创新"，通过探索"一体设计＋整体运行"的运营管理机制、"边建边招"的资产出租新机制、"主体多元＋市场主导"的投融资机制、"存量活化＋弹性预留"的土地利用机制等，共建共享协同高效的绿道建管体系。

在产业链端，生态价值转化是公园城市发展的核心机制。庞大的绿道系统建设创新了投资运营模式，不仅囊括了绿道公园建设的相关产业，绿色消费场景的设置，以及美食娱乐、水上音乐、田园体验等新兴业态，而且引入了大量第三产业，生态开放的场景和土壤能够激活创新动能。以公园城市作为新经济、新动能成长发育的场景媒介，能够吸引电子信息、饮食文创、生物医疗等领域的高端服务业和高素质人口聚集。新经济公园场景、新经济农业场景、新经济文创场景和体育赛事场景等形成了多元融合的产业发展生态，大大提升了城市的经济与社会活力。

在金融链端，因城市品质价值提升而产生的土地溢价，以及因生态消费场景的营造而产生的消费收益能够平衡建设投入和管护费用。以锦城公园为例，周边可开发的土地约为 3.2 万亩，每亩土地保守溢价 100 万元，预计将产生 320 亿元的收益。锦城公园从每亩土地溢价中提取一定比例的资金，进入专用的"绿色账户"，用以维护公园品质和生态价值。另外，通过营造生态消费场景产生的消费收益，以及探索党建引领下的社区基金会模式，能够形成市场化、多元化的价值实现路径。交子公园商圈作为成都金融产业的"桥头堡"，汇集了两千多家金融及配套机构、超过 10 万名金融从业人员，入驻金融及配套企业的数量位居中西部第一，将形成保险科技产业、数字货币产业、供应链金融产业和财富管理产业四大千亿级的金融产业集群，能够加速城市功能优化和产业变革，推动地区高质量发展。

在数据链端，绿道公园通过新增绿地面积的数据，测算固碳量、氧气等碳汇数据；通过收集公园的到访情况评估公园的空间利用效率，并以此为依据对安全、环境等管理范围和成本，以及优化措施等进行动态调整；通过位置大数据，可以识别出公园的服务偏好，判断公园的使用是否符合预期，及时优化公园内部及周边居民日常使用的公共空间布局。此外，绿道公园可以利用大数据精确了解游客来源及人流量变化情况，及时开展客流的引导和内部监控；也可作通过对到访客流进行流量和模型分析，进行相关文旅创意产品的研发。

（二）农产品主产区——"丽水山耕"等地理标志产品推进生态农产品增值溢价

地理标志产品是农产品主产区农业高质量发展的重要支点，也是商品的质量保证。农产品地理标志通过独特的品牌声誉获得经营效益和市场优势，将区域资源禀赋比较优势和地域文化特色转化为市场竞争优势，从而产生农业效益和农产品品牌溢价，提升资源配置效率和利用效率，成为促进农业增效、农民增收和农业转型升级的有效途径。截至 2021 年 8 月底，我国累计批准地理标志产品 2482 个。各地培育地理标志产品成效显著。例如，贵州省通过积极运用地理标志产品，使得农产品产量增加了 38.3%，销售收入增加了近一倍；浙江省 50% 以上的地理标志产品在登记后产业效益得到明显提升，年收益增长率均达到 17% 以上，带动农户达 10 万户以上。

在产业链端，地理标志产品主要是以蔬菜瓜果、粮油类产品为主的初级农产品，通过对农产品的精深加工，龙头企业、合作社和专业大户构建了集生态农产品原种保护、良种繁育、生态种养、品质控制、标准化生产、精深加工、市场营销于一体的产业体系，并依托地方特色构建特色产业、乡村旅游、旅游文创等产业链，通过标准化生产、产业化经营、品牌化运作，延长地理标志产品价值链，使龙头企业和农户形成生产、加工、销售的利益共同体，带动区域经济发展。以"长春大米"地理标志产品为例，其通过品牌建设，极大地提高了核心竞争力；长春市还围绕长春大米的中高端市场定位，打造高端粮食供应链，开展"私人订制"合作模式，利用"基地＋公司""体验＋电商"的模式延伸产业链，不仅为长春大米走进高端市场开辟了新方式，还为农民增收提供了可靠保障。从全国的地理标志产品产值来看，2019 年至 2021 年 8 月底，国家知识产权局共实施 21 个国家地理标志运用促进工程项目，涉及地理标志产业产值超过 210 亿元，相关产品加工、商业物流、旅游业等产值达 40 亿元。通过品牌标准认证、生产过程质量监管和营销网络建设，2017 年"丽水山耕"产品的销售额达到 101.58 亿元。

在金融链端，知识产权金融在"三农"产业发展中具有重要的支撑作用，银行、保险、投资等金融机构能够研发匹配特色产业发展特点的金融产品和融资模式，拓宽企业融资渠道，形成多元资本投入机制，提高特色产业发展抵御风险的能力。例如，福建省云霄县积极打造"地理标志＋金融服务"创新典型案例，率先推动地理标志保险产品的制定和运用，开展地理标志产业振兴保险试点项目，通过金融机构的参与，建立"保险＋服务＋市场监管"的合作模式和服务体系，为地理标志产业发展提供包括地理标志被侵权损失保险、地理标志产品质量安全责任保险、农业气象指数保险和地理标志产品价格指数保险等在内的全链条、系统性的保障；贵州省整合科技、银行、保险等各方资源，大力推进专利、商标等知识产权的质押融资。地理标志保险产品为优化、改善特色产业发展的金融生态环境、创新地理标志等知识产权与金融融合发展模式提供了有效路径。

在数据链端，结合国家知识产权局发布的地理标志统计数据，通过对地理标志的产品品牌孵化，形成用于对照的国际地理标志数量、类型、标准、体系、质量等产品数据；通过对地理标志产品的使用，形成产品关联产地、企业数量、产业产值、商标申请注册、发放等地理标志使用数据；通过对知识产权的保护和运用，构建地理标志的质押融资，产生信贷、储蓄、利率等方面的银行业务数据，以及投保、理赔、投资等方面的保险业务数据。这些数据共同构成了金融数据库，为绿色金融更精准、更高效地助力生态农产品的价值实现提供了依据。

（三）生态功能区——福建省顺昌县的森林生态银行推进生态资源变资产

森林生态银行是生态产品价值实现兼具产业链、金融链和数据链的典型代表。福建省顺昌县的森林生态银行借鉴商业银行"分散化输入、集中式输出"模式，搭建"资源—资产—资本"转化平台，先对分散的资源进行整合提升，然后通过股权合作、委托经营等方式，引入优质运营管理企业，通过绿色产业项目投资获得收益回报，促进生态产品增值变现，做到"存入"绿水青山，"取出"金山银山。

产业链端包括技术研发、生产环节和经营开发等环节。为解决小规模经营无法发挥生态效益和价值的问题，森林生态银行将小规模林业经营主体统一纳入管理范围，从技术研发到托管抚育间伐，再到木材加工销售，涉及上游的木材产业、中游的林业碳汇，以及下游的林下生态产业的各主体。森林生态银行建立了以森林这一生态产品价值实现为核心的产业链，串联起上游的技术研发产业、托管抚育间伐产业、林业碳汇、木材生产加工，以及下游的农、牧、草、药等多种项目的复合生产经营，如林下养殖、森林旅游、森林康养、森林教育、户外拓展基地等产业，搭建了森林生态产品的价值实现平台，通过林产品的溢价、旅游、文创和金融等第三产业的收益实现价值。

在金融链端，政府投资成立生态资源运营管理公司，导入贷款、担保和产业基金等金融工具，引入其他资本方投资，优化专业管理团队，打包形成优质生态资源资产包；依托市金融控股公司、融资担保公司，有效提高贷款额度，充分用活资金，实现资本化运作。此外，通过构建上、中、下游涉林产业链，把产业链及各个环节上单个企业的不可控风险转变为价值链企业整体的可控风险，增强林业经营者的融资能力，缓解经营者的资金压力；营林主体还可以在产业链内部进行融资、兑现股权收益，从而调动林业企业和林农参与生产的积极性，福建"三明林票"是让"林子变票子"的典型产品之一。

在数据链端的技术研发环节，林木种苗的繁育和良种技术的创新开发、林分龄组结构的优化、林木产生碳汇量的核算、抚育间伐对木材产量和木材加工销售价格等的影响，以及构建的一二三产产业链经营活动和金融机构的经济收益等，可共同形成森林生态银行的数据库。通过收集系列数据和进行趋势分析，能够稳定林农、企业和金融机构参与生态产品生产和服务供给的积极性，同时也能够吸引村民和投资者共同分享生态产品的收益，形成稳定、可维护的契约关系，共同促进经济和生态的协调发展。

森林生态银行的运营模式如图 5-2 所示。

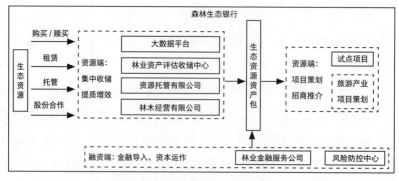

图 5-2　森林生态银行的运营模式

三、不同功能区生态产品价值实现的现状与困境

在我国三大空间（城市化地区、生态功能区、农产品主产区）的生态产品供给能力存在差异的条件下，各功能区生态产品存在总量不足、质量下降、生产能力提高幅度不大等问题，影响了生态产品价值实现的程度。由生态产品价值实现方式、供需空间失衡导致的价值链断联、要素融合不足、政策目标与制度设计有待优化等问题，成为各类功能区优质生态产品价值有效实现的瓶颈制约。

（一）生态产品供给不足、价值实现方式同质化程度高

生态产品的供给能力直接决定了生态产品价值实现的程度。根据2010—2016年土地利用台账数据可知，因建设占用、灾毁、生态退耕、农业结构调整等原因，全国耕地面积减少了0.045%，主要体现在重要的粮食生产区域及周边地区；生态建设用地面积减少了5.46%，而建设用地面积增加了1.35%，主要体现在城市化地区，尤其是城市群地区生态用地面积减少、耕地面积增加。即使是国家重点生态功能区，2019年也仅有9.54%的县域生态环境质量变好。尤其在2010年后，大量农业空间转为城镇空间，长江中下游地区的生态功能区生态用地转为城镇用地，由此导致的生态产品生产能力下降对生态产品的价值实现构成了较大威胁。

此外，从目前各类功能区生态产品价值实现方式来看，生态产品价值转化模式呈现的多样性和特色不够，价值转化途径同质化程度较高，农林产品的竞争压力大，生态产品的转化设计缺少特性，部分地方政府在引入生态产业（生态种植业、生态旅游业、林业等）时，未能因地制宜地进行设计改进，与当地和发展定位不符，导致生态产品价值未能充分挖掘并转化。生态产品价值实现取决于生态产品的质量而非数量，生态产品价值实现的市场竞争是差异化竞争，而不是同质产品的数量竞争。因此，不同功能空间的生态产品价值转化必须立足于本地生态资源禀赋特征，区分不同国土空间的主体功能，进而明确各自的主要任务，尤其

是要将生态功能区的发展重点放到保护生态环境、提供生态产品上，如将农产品主产区的发展重点放在提供优质农产品上。只有各区域把握主体功能，发挥比较优势，才能在全国范围内实现统筹，最大限度地实现全国生态产品的价值转化。

（二）生态产品供需空间失衡导致价值链断联

优质生态产品的提供者和受益者之间存在空间失衡的特征。例如，生态功能区、农产品主产区的生态产品供需两旺，但由于交通、信息、制度等的制约，未能通过交易调剂实现产品价值；城市化地区对优质生态产品的需求强烈，但本地产品的供给不足难以满足日益增长的刚性需求。此外，生态产品因在标准化、规模化、风险保障等方面的不足，未能实现生态产品溢价。由此可见，生态产品的价值转化受限于范围、方式和程度等方面的因素，生态功能区、农产品主产区的后发优势和内生动力在于"绿水青山"，区域生态产品的价值转化需要找到匹配空间功能的适宜载体，同时还应与城市化地区建立合理的利益连接机制，通过构建供需关系链条、组织模式创新，建立利益连接、利益保障、利益分享、利益风险合作，破除资源和产品的空间限制，为分布于不同地理空间的政府、企业、个体参与生态产品的价值链分工创造有利条件和必要保障。

（三）以第一类生态产品为核心支撑的"三链"价值实现路径存在风险

目前，以良好的自然生态环境为重要依托，以生态产品为核心资源，以生态产品供给为基础的三大空间生态产品价值实现的上下游产业链构建不足，生态农产品局限在产品的生产、运营等环节，产业发展也局限在基于自然资源要素整合的生态旅游、生态农业等领域。该模式的核心问题在于自然要素类或自然属性类生态产品的自然生态特征显著，依赖性较强，面临自然灾害的风险较大。一旦自然生态系统遭到破坏或者生态环境遭受污染，基于此发展的农产品、林产品及生态衍生品，以及延伸产业链的各个环节均会受到影响，甚至金融链也会受到影响。生态价值的实现不仅依赖于政府主导的补偿制度，还依赖于生态保护及修复所需投入的人力资本、物质资本，这将使原本较难转化、实现的可持续的生态价值面临更大的挑战。因此，必须基于生态产品资源构建、延伸产业链，丰富产品链和供应链，提高公共服务、专业服务和金融服务等产业链的配套能力，结链成网，为生态产品稳定、持续地实现价值转化提供保障。

（四）推动地区生态产品价值实现的要素有机结合不足

土地、劳动力、资本、技术、数据5类要素有机结合和相互协同，可以使自然资本的生态服务价值产生乘数效应，从而推动地区高质量发展和生态环境高水平保护。虽然在我国大部分重点生态功能区、农产品主产区出现了诸如生态产品开发服务、生态产品交易服务等在内的生态旅游康养、生态文化服务、生态园区运营、生态农业、智慧农业、设施农业等多元化新业态，但以金融、信息技术为代表的新技术对生态产业化和产业生态化的效用发挥不足。

当前不少地区"生态＋产业"的发展水平处于初级阶段，发挥生态系统服务作用的经济效益有限。以生态旅游为例，杭州西湖景区向游客免费开放后，吸引的巨大客流量带来的经济效益远超过门票收入，资本和园区管理等要素手段的引入发挥的乘数效应，大幅提升了杭州的旅游业总收入。尽管大部分生态景区并不具备西湖紧邻城区的优势条件，但多要素叠加、多业态融合发展等模式是值得各类功能区在生态产品价值转化中借鉴的。即便是生态产品供给能力较强的地区，最终能否实现价值转化，也要看是否具备生产要素，以及各类要素之间是否能够相互协同促进，使之形成产业链、价值链和数据链上的合力，使生态产品价值在市场上得到认可。

（五）生态补偿模式的政策目标和制度设计亟待优化

当前我国生态产品在采用政府补偿方式实现价值的过程中存在对个体利益兼顾性、反馈优化调整等方面的不足。

首先，现有的生态补偿资金主要来源于中央财政，不仅难以弥补被补偿地的发展机会成本和生态环境维护成本，而且对生态功能区和农产品主产区居民基本的公共服务保障程度较低。尤其是在区域层面上，不同区域在经济发展与生态环境维护上的分工不同，以及生态服务交换关系体现不足，导致部分地区生态资源向生态资产转化的动力不足，最终影响生态产品价值实现的政策目标。只有健全绿色消费的激励政策，如通过设立奖励补贴资金或约束收费等措施，建立区域间的利益分享机制，激励更多的主体参与生态产品的价值实现，才能达到促进基本公共服务均等化的目标。

其次，制度设计与不断发展的现实需求之间的差距是不可忽视的，当前的制度设计无法一直适用于不同的发展阶段。因此，建立有关制度的实施反馈机制，及时作出调整，优化制度安排尤为必要。

四、基于三大空间的生态产品价值实现差异化政策设计思路与任务

基于自然禀赋、发展阶段和发展水平的差异，三大空间的生态产品面临不同的供给类型、供给能力与价值实现程度，这对不同主体功能区实现生态产品价值的路径和模式提出了要求，即不同地区需要立足生态系统的本底差异，从区域优势互补和发展路径重塑的角度，差异化设计不同功能区的价值实现路径，因地制宜地推动两山转换，实现不同区域资源环境要素的关联互动和协同共荣，促进区域利益平衡和协调发展。

（一）总体思路

生态产品的供给能力、供给类型、价值实现程度和路径等具有明显的区域性差异，结合主体功能区划分结果及区域社会经济发展目标等，以"化解区域矛盾—平衡区域利益—促进区域合作"为主线，以生态环境保护高质量发展和基本公共服务均等化为目标，明确生态产品价值实现的重点领域和环节，依托生态环境资源要素形成分工合作、优势互补的生态产品供给链条和供给布局，重新盘活、补充完善、整合布局价值链，引导构建产业链、金融链、数据链，针对不同功能区

提出产业发展、生态保护和空间开发的机制，创新区域协同治理机制、跨区域合作互助机制、共建共享机制。

主体功能区的三大空间包括生态功能区、农产品主产区和城市化地区，其中前两者是高质量发展动力系统中的支撑性功能区，后者为动力源。三大空间的生态产品价值实现路径为"功能区生产供给—动力源消费—区域功能间调控"。

从供需链的关系上看，生态功能区、农产品主产区是生态产品的供给端，能够提供生态服务、农产品及衍生的生态初级产品、农业产业服务等，生态功能区同时也为农产品主产区提供产品产出的环境保障，其中不同区域的生态功能区的供给数量、产品质量和供给结构有所差别；城市化地区是生态产品的需求端，通过人力、资本、数据、信息、技术等要素，为生态服务提供经济保障，为生态农产品供给和产品产出提供需求保障。通过建立三大空间生态产品的供需关系，以合理划分空间功能、保障空间功能安全和提升空间功能质量为抓手，推动高质量供给和高层级需求有效匹配，形成需求牵引供给、供给创造需求的生态产品价值实现链条。

从价值链的关系上看，生态功能区、农产品主产区是价值链的中上游，主要涵盖生态产品的生产开发、研发设计和生产加工环节，实现生态产品的初始价值；城市化地区是价值链的中下游，通过生产加工、采购流通和营销消费等环节创造出较高的附加值，实现了生态产品的最终价值。生态功能区、农产品主产区以各种基本生产活动为主，并向最终交付产品和服务、实现产品和服务的价值演进。区域和功能区之间的竞争优势不仅体现在某个特定产业或某类特定产品上，而且体现在同一产业/产品的价值链或某个环节/工序上。城市化地区通过要素融合，将信息、知识、数据等要素在传统价值链上进行优化和整合，并带来低成本和高增值等竞争优势，是生态产品价值实现和跃升的关键地区。

从产业链的关系上看，生态功能区、农产品主产区承担了上游原材料供应商、制造商的角色，城市化地区承担了下游营销、消费的角色，通过构建"生态环境保护建设—生态产品生产运营—生态产品开发服务—生态产品交易服务"的产业链，共同组成了生态产品价值实现的空间载体。生态功能区和农产品主产区是产业链的上游，在生态环境保护建设环节，主要生产公共产品类生态产品、公共资源类生态产品，包括山水林田湖草环境综合治理产业、生态资源权益指标的生产建设产业，以及与生态环保相关的基础设施建设等产业，通过投入资金、技术等扩大和提升生态产品供给，是生态产品价值实现的可持续性保障；在生态产品生产运营环节，包括各类"生态+"产业业态，如生态农林牧渔业、生态文旅康养教育、生态园区运营等，集中生产公共资源和俱乐部产品类生态产品，是生态产品价值跃升的关键；在生态产品开发服务环节，包括生态综合体开发、生态金融服务、生态资产管理咨询服务等业态，主要面向私人生态产品，是生态产品功能重组优化、实现空间联动的价值累积的高阶环节；在生态产品交易服务环节，主要包括生态产品认证推广（溯源、信息、品牌推广等）、平台服务（资源环境权益交易平台）等业态，全面针对4类生态产品，构建区域合作共享、功能优势互补的价值增值路径。三大空间在生态产品价值链中，关键要构筑匹配区域功能的产业发展优势特色，提升不同类型和环节的产业在生态产品价值链中的地位。

　　三大空间生态产品价值实现的产业链、价值链和供需链政策设计框架图如图5-3所示。

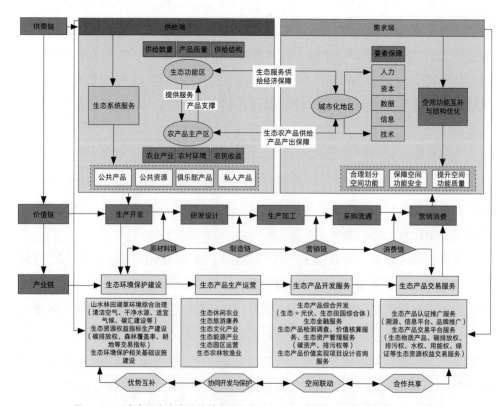

图 5-3　三大空间生态产品价值实现的产业链、价值链和供需链政策设计框架图

（二）不同空间生态产品价值实现政策体系设计

1. 强化要素融合，提升城市化地区生态产品价值转化层次

城市是生态产品的主要需求方，也是生态产品价值实现的终端，在生态产品价值实现的总体框架中承担产业链、金融链和数据链的要素保障功能，借助于城市化地区较强的空间可达性、较高的经济和人口集聚度、较快的知识信息和技能的生产传播与扩散速度，以及良好的产业和创新基础，通过人力、资本、数据、信息和技术等要素的融合，为构建生态产品价值实现的产业链、金融链和数据链提供保障。因此，若要最大化实现城市化地区的生态产品价值，不能囿于初级生态产品的价值转化，而应通过资本投入，改善积累生产、生态资产，发挥数据、信息、技术等要素对其他要素效率的乘数效应，将数据化、信息化等与绿色化深度融合作为锻造产业链长板的发展路径，创造和增强生态产品价值，提升生态优势的转化能力，实现城市化地区与农产品主产区、生态功能区的协调发展。基于此，可通过以下政策设计建立健全城市化地区的生态产品价值实现路径。

一是存量挖潜，提升城市化地区的生态空间价值。以绿色生态空间为核心重构城市空间结构，促进空间赋能与融合增值。在大尺度下，依托生态屏障、生态廊道发挥基础生态价值，政府通过提供资金、建设绿色基础设施等方式，适度开发旅游园区或农业综合体，在优化空间格局的同时实现康养、教育、疗愈等生态产品产业链及溢价途径；在中尺度下，以城市公园为主，搭建承载价值转化的多元场景，将生态价值具象于生活场景、消费场景、生产场景、交流场景，引导多元主体参与公园管理，以在促进周边土地增值、引流人群、激活商业潜力、提升街区活力等方面发挥溢价效应；在小尺度下，可对邻近空间和内部空间进行增绿施策，强调服务人群与社区，如增强人体舒适度、环境心理疏导、提供社区公益场所等，提升城市化地区的生态空间价值。

二是发展产业高端环节，提升产业链核心服务功能。城市化地区应大力支持生态产业化发展，通过与农产品主产区、生态功能区建立的区域合作援助扶持，搭建与产业发展、生态保护和空间开发协调的生态价值链条，以实现生态价值为

主导，从市场准入、行业监管、政策配套等规则体系施策，提升生态产业化和产业生态化的产业链水平，完善与产业链、金融链配套的基础设施，促进产业链、创新链、生态链融通发展。

三是构建要素传导机制，发挥生态优势，强化要素保障。以主体功能定位为依据，以提高资源利用效率为目标，尽快打破阻碍要素流动的壁垒和障碍，促进新的生产要素向生态产品价值较易转化和实现的领域、环节流动，强化现代要素支撑，提高要素配置效率。在人力资本积累方面，要全面提升创新人才的培养质量，加强生态产业复合型人才储备；在技术创新方面，要进一步优化科技资源配置，加大生态产品研发设计、生产技术创新普惠性政策的支持力度，加强生态产品价值转化共性关键技术突破；在数据治理方面，要推进数据要素改革，强化生态资源数据确权、生态资产数据流动交易和数据隐私保护，提升数据治理能力。通过引导要素在不同主体功能区之间的集聚和流动，共同发挥市场和政府在生态产业发展、金融市场融合、资产优化配置中对生态资源增值的作用。

2. 培育链式思维，增强农产品主产区生态产品核心竞争力

新时期的国土空间规划及治理体系要求农产品主产区应在守住永久基本农田的基础上，强化耕地的生态与功能空间的衔接，增强全域景观、生态产品供给和绿色发展等功能。因此，农产品主产区提供的生态产品和生态服务，其生态价值的转化和增加都必须建立在生态农产品和生态农业服务产生价值（溢价）的基础上，农产品主产区生态产品价值的实现，不能局限于农产品生产、加工、销售等环节的简单生态化，而是应构建耕地保护长效机制，建立符合农业生态产品特征的绿色创新价值链，通过延链、补链、强链，将绿色创新相关政策、知识成果、设计理念融会贯通并循序渐进地实现其价值，通过创新使产品服务乃至产业的绿色价值或者生态价值最大化，通过链式系统整体升级来提高农业生态产品的市场竞争力，逐步形成农产品主产区生态产品价值实现的有效路径。基于此，可通过以下三方面建立健全农产品主产区的生态产品价值实现路径。

一是支持、激励农产品主产区在耕地保护方面的主动作为、积极创新。农产品主产区的耕地保护是价值实现的根本，对于守住耕地空间底线的任务，需要以管控型政策工具为主，主要包括空间规划中永久基本农田的划定，对粮食生产功

能区和重要农产品生产保护区内耕地的严格管控；对于减缓耕地与其他地类竞争的任务，要以激励型政策为主，主要包括占补平衡、增减挂钩等指标的跨区域调剂，新增耕地的补偿机制、土地生态补偿等；对于促进耕地与其他用途空间衔接共生的任务，可采取强制与激励相结合的政策组合，比如"藏粮于地""藏粮于技""土地整治+""以奖代补""耕地保护基金"等政策创新，进一步推行耕地储备库、耕地轮作和休养等。通过耕地保护提升耕地综合价值，引导土地征收、土地流转、补充耕地指标交易、耕地保护补偿等实际工作。

二是结合区域优势开发耕地的多功能用途。鼓励各地区通过开展全域土地综合整治与生态修复工程，以产业发展、空间优化为引导，建立耕地保护与经济社会发展、乡村振兴、生态价值实现融为一体的发展模式。尤其在经济发达的城市化地区周边，鼓励"城市更新""减量化""闲置用地优化盘活"等耕地用途开发，结合当地区域优势和实际需求，积极探索产业生态融合型、城郊低效建设用地整治型、现代农业引领型、乡村旅游带动型、特色村庄改造修复型、农田整治保护型等的耕地生态价值实现路径。

三是建立生态农产品交易平台。基于国际上采用休耕补贴来提升非市场化农业生态产品的经验，休耕模式往往是强制与非强制相结合的手段，其本质是违背农民意愿的行为。政府可通过建立生态交易平台，将"约束"转变为"激励"，引导针对不同消费群体采取差异化的价值实现方式，积极探索以"农场－机构"计划、社区支持农业为代表的"企业－企业"型，以预售制农业为代表的"企业－客户"型方式建立供给方和需求方，使农民作为生态产品的供给方，通过休耕或保护等方式创建、修复、增强、维持、得到生态产品价值增值，构建以复合激励为基础的农民利益共享机制，以及以互助保险、稳定契约为主的风险分担机制，解决农业生态产品推广、替代传统农产品和价值实现等问题。该模式不仅可应用在农民、企业和政府间，还可应用在国家对地区或区际补偿中。尤其是在农产品主产区叠加贫困区的区域，国家对这些地区的补偿资金可以不通过精准扶贫的途径发放到个人，而是进入生态交易平台，通过调整权重来调节各区域的生态产品交易价值，激发农民的耕地保护积极性。

四是加快绿色标识认证推广。打造区域公用农业品牌，因地制宜地制定产业规划，挖掘、筛选特色农业产业，并通过多元经营主体等形式进行组织化管理。

健全生态产品质量认证制度，形成具有区域显著特征的绿色标识认证体系。建立信用体系和退出机制，对于严重失信者建立联合惩戒机制，对于违法违规行为的责任主体建立黑名单制度，建立舆情与危机应对和处置机制。加强专业技术人员、机构能力和信息平台建设，运用大数据技术进行公开监管，强化信息公开。通过多种途径提升绿色认证动力，注重宣传，引导对绿色标识产品的消费，扩大绿色标识认证产品的影响力和可信度。

3. 增加优质供给，构建生态功能区生态产品价值实现政策体系

生态功能区的核心是增强生态产品的生产、供给能力，既是确保生态产品价值实现机制可持续的关键，也是建立生态产品价值实现机制的根本出发点和落脚点。生态功能区价值实现的根本在于生态空间的保护与修复，强化生态空间的保护与修复，释放生态功能区蕴藏的巨大的生态产品生产力，严格控制开发强度，维护生态系统与经济运作"双赢"，逐步实现生态系统运作最佳、生态服务功能最强、生态产品产出最大的状态。

一是强化生态产品生产能力建设，增强优质生态产品的供给能力。以县级行政单元为基础，综合考虑不同主体功能区生态产品价值的大小及社会经济发展水平，根据生态补偿指数，确定生态受偿与补偿支付的优先级别和次序。生态受偿级别较高的重点生态功能区往往有能力提供质量更高、附加值更大的生态产品，应加大投资力度，加强生态产品供给能力建设，促进区域经济发展，减少对财政转移支付的依赖；对于生态受偿级别较低的重点生态功能区，生态受损或退化的风险较大，应加大均衡性转移支付力度，实施保护修复工程，重点用于生态修复与环境保护，维护生态系统稳定；同时，应在生态功能区的生态环境敏感区、脆弱区等区域划定生态红线。

二是延伸生态产业链，实现生态产品的价值增值。政府应深入挖掘当地特色生态资源的生态产品价值，推动单一的生态产品生态功能向特色农工业品、文化旅游和生态综合体的综合开发利用，发展区域性特色产业，延伸产业链打造多元产业，建立健全全链条融合的现代产业体系。构建为自然生态系统提供的生态服务类型和贡献度计量标准，建立生态产品价值核算和交换机制，构建生态产品价值核算体系、价格体系、交易体系。通过搭建生态产品管理、开发和运营平台，

对碎片化的生态产品进行集中收储和整合优化，着力扩大消费市场，引导和激励生态功能区与城市化地区、农产品主产区开展生态资产交易，通过生态产品带动区域发展和资源溢价。

三是健全生态综合补偿制度。根据不同生态资源的阶段性保护需求和区域性保护差异，综合考虑生态环境保护成效、生态产品价值、保护和治理投入、机会成本等因素，确立生态保护补偿动态目标，探索建立与生态产品供给水平相适应的补偿机制，综合考虑生态产品价值核算的绝对值和增加值，以作为补偿资金分配依据，并充分发挥转移支付资金的引导作用，持续提升生态产品"增量"，建立与生态产品价值挂钩的激励奖惩制度，推动有限的财政转移支付资金向"优质优价"的精准补偿，更加精准地激励生态功能区提供更多优质的生态产品，促进生态产品价值实现。

4. 区域间生态产品价值实现的政策设计思路

根据国土空间不同主体的功能定位，结合生态文明建设要求，以驱动区域利益协调为主线，以生态环境保护和基本公共服务均等化的双重目标为出发点，统筹考虑政府补偿与市场要素，从空间治理效能的角度重新审视生态价值实现问题，健全差别化的宏观政策、微观政策、结构政策、科技政策、区域政策、社会政策等，实行分类考核的绩效评价，因地制宜地推动两山转换，使区域生态保护与空间开发、产业发展达到更高的水准和更高的层次。

一是以主体功能区规划为基础，整合形成差异化政策供给。按照主体功能区定位，差异化设计土地、产业和财政等政策，兼顾生态补偿、人口政策等的协同配置。在土地供给政策方面，城市化地区要强化存量发展的思路，严格控制建设用地规模，推动土地有序退出机制运作；生态功能区、农产品主产区要鼓励创新土地利用盘活机制，制定指标交易、异地生态修复、土地使用权转让等政策；在产业政策方面，三大功能空间要充分发挥区域比较优势，加强产业联动，打造跨区域产业链，搭建供应链金融体系，形成优势互补、相互合作的区域产业分工格局。当地政府应瞄准功能和发展定位，形成不同功能区差异化的负面清单，制定中长期与短期并行的可持续性产业政策体系。同时，应兼顾完善其他相关政策，如全面调整和深度优化人口政策，出台差别化的人口迁入迁出政策。

二是着力完善各类主体功能区生态产品价值转化的配套政策与其他相关政策的系统性。妥善处理主体功能区配套政策在区域合作机制、区际利益补偿机制、基本公共服务均等化机制中的政策设计问题，引导建立有侧重、有补充的分区解决方案：城市化地区要制定以户籍制度、土地集约、要素流动等为主的政策体系，系统建立城市更新与生态产品价值链的创新发展机制；农产品主产区以耕地保护、财政与税收优惠、产业行业协同等政策为基础，系统推进生态农产品高质量生产和生态价值高水平转化发展机制的建立；生态功能区以生态环境保护修复、生态保护补偿市场化运作等政策为基础，系统探索生态产品价值实现的内生动力转化和区域绿色发展机制。

三是进一步完善、提高区域之间的精准对接，建立健全三大空间合作共赢机制。建立健全中央财政对农产品主产区、生态功能区的纵向补偿机制；加大生态保护补偿力度，更多通过"双向飞地"、产业协作、人才支持等"输血"方式提升生态功能区绿色发展内生动力。借助长江经济带发展、京津冀协同发展、粤港澳大湾区建设、黄河流域生态保护和高质量发展、长三角一体化发展等国家重大发展战略，支持重点农产品主产区、生态功能区与城市化地区点对点建立共建园区、飞地经济等区域合作形式，形成与供给地资源环境特点相协调的生态环境友好型产业集群，打通生态产品价值实现的市场通道，促进"三区"相互协调、共同发展。重点落实三类功能空间毗邻地区跨区域重大产业平台和重大交通枢纽共建，谋划跨区域的高品质服务设施共享，包括教育、医疗等公共服务设施，以及服务区域内部的高速公路、快速公路等交通网络的衔接。

五、对策建议

针对生态产品供给能力的整体性不足和空间差异性，需要提升全社会生态产品供给的效率和积极性。为促进生态产品价值转化和实现，协调城市之间生态和经济效益，加强生态环境的协同发展，加快形成主体功能明显、优势互补、高质量发展的国土空间开发保护新格局，现提出以下建议。

（一）结合空间功能定位，提升生态产品供给能力

统筹考虑区域空间功能定位和生态环境承载力，加强生态环境分区管治，建立与主体功能区相适应的空间管控类政策、环境准入类政策、综合治污类政策、污染减排类政策、生态保护类政策、绿色经济类政策等制度体系。基于不同区域的资源环境承载能力、现有开发密度、发展潜力，以及其在整个区域中承载的经济功能和社会服务价值，并根据未来经济布局、城镇化格局、粮食与生态安全格局等统筹谋划制定生态补偿目标，因地制宜地制定可以差别化实施的生态环境保护政策和空间管制措施，从整体上提高我国优质生态产品的供给能力。

（二）系统完善不同空间生态产品价值实现机制

在国土空间规划和用途统筹协调管控制度下，应深入挖掘生态产品价值，加强政策的精细化供给。合理划分公共产品类、公共资源类、俱乐部产品类和私人产品类的生态产品，针对生态保护红线和永久基本农田范围以内的生态产品，应加快推进自然资源资产的确权、登记和颁证工作；针对生态功能区和农产品主产区中红线范围以外的经营性生态产品，应制定以交换价值核算为基础的核算评估机制，夯实数据支撑。通过配额调整等方式建立、完善市场交易机制，探索绿色金融等模式多元的生态产品价值实现机制。

（三）构建不同空间联系协作制度

深化区域间横向联系协作，推进以公平保障发展权、转移建设用地空间为主要内容的区域间空间开发合作，将保障重点生态功能区、农产品主产区发展公平性安排的产业发展用地指标转移到邻近的城市化地区，探索由经济领域向社保、教育、信用、就业等社会领域全面展开的利益分享新模式，搭建生态功能区与农产品主产区和城市化地区之间的价值链，出台促进生态产品价值实现区域合作型的政府绿色采购政策，激励京津冀、长三角、粤港澳等城市化地区，与毗邻的生

态功能区、农产品主产区通过扶持共建、股份合作、托管建设、产业招商等多种模式开展产业合作共建。探索"反向飞地"合作模式，鼓励建立产业共建示范园区。以资源产权与有偿使用制度建设为基础，在区域层面实现生态产业化和产业生态化的错位发展。加大国家对中西部重点生态功能区和农产品主产区的财政投入力度，并主要用于支持生态修复和环境保护、农业综合生产能力建设、公共服务设施建设、基础设施建设及适宜产业的发展。

（四）完善生态产品溢价的要素保障制度

建立完善私人产品类生态产品价值提升要素保障制度，加大生态优势突出、经济欠发达地区交通通信基础设施的建设力度，提高地方生态产品交易市场的可达性，降低生态旅游服务交易成本，拓展生态产品溢价空间。积极探索人工智能、大数据、云计算、区块链、物联网等数字技术，构建智能监测、精准治理、产品定价和交易的闭环联动，打造生态产品价值转化全周期大数据平台，提高价值实现效率。引导企业、科研机构和行业协会与金融机构形成合力，深度挖掘、系统集成、综合运用数据资产，使之更好地服务于生态产品价值转化。

（五）实施差异化的地方政府绩效考核制度

规范并建设区域发展协调机制与区域政策关系，使之有效衔接。对于长期稳定实施且需要中央政府参与的区域协调机制，可在明确中央政府参与条件和程序的基础上，有选择地作为特殊政策工具纳入区域政策体系。同时，做好国家高质量发展评价体系在区域层面落地实施的衔接工作，可将差异化考核作为区域政策的一种特殊形态，根据区域在国家发展中的战略定位和功能，对不同地区实施架构一致、科目权重和具体评价标准不同的考核。

参考文献

[1] 王彬彬，李晓燕．基于绿色农业的市场化直接补偿方式研究 [J]．农村经济，2019，440（6）：1-7．

[2] 陈军，王小林，刘志丽．生态产品区域合作供给、逻辑、本质与机制 [J]．湖北经济学院学报，2020，18（5）：69-77．

[3] 杨悦，刘冬，张紫萍，等．主体功能区生态环境保护政策现状与发展建议 [J]．环境保护，2020，48（22）：19-23．

[4] 李晓燕，王彬彬，黄一粟．基于绿色创新价值链视角的农业生态产品价值实现路径研究 [J]．农村经济，2020，456（10）：54-61．

[5] 李维明，俞敏，谷树忠，等．关于构建我国生态产品价值实现路径和机制的总体构想 [J]．发展研究，2020，403（3）：66-71．

[6] 郭滢蔓，王玉宽，刘新民，等．都市区生态产品价值实现多元化途径 [J]．环境生态学，2020，2（9）：38-44．

[7] 刘桂环，王夏晖．从供给侧发力，健全生态产品价值实现机制 [N]．中国环境报，2020-11-30（3）．

[8] 肖文海，蒋海龄．资源富集生态功能区可持续脱贫研究——以生态价值实现为依托 [J]．江西社会科学，2019，39（12）：53-59．

[9] 梁龙妮，王明旭，李朝晖，等．珠三角地区经济生态生产总值核算及"两山"转化路径探讨 [J]．环境污染与防治，2021，43（1）：121-125．

[10] 汤学兵，孙祥辰，汤正如．新时代我国区域异质性与跨区域生态保护联动 [J]．领导科学论坛，2018，119（9）：31-33．

[11] 廖峰．生态产品价值实现与山区农产品区域研究——基于"丽水山耕"的个案分析 [J]．丽水学院学报，2020，42（6）：1-10．

[12] 王佳鞾，祁新华，伍世代．中国资源环境与区域发展关系演化：脉络、局限与趋势 [J]．生态学报，2019，39（24）：9408-9415．

[13] 常多粉.我国生态文明建设制度设计的内涵、过程、功能及其改进 [J]. 环境保护，2021，49（14）：47-51.

[14] 李宏伟.完善三个关键环节的制度设计 [N]. 学习时报，2021-8-2（2）.

[15] 陈烨婷，郑启伟，范玲，等.生态产品价值实现视角下的空间整合策略——以丽水市为例 [J].浙江经济，2019，662（12）：39-41.

[16] 郭瑞雪，李树枝，张丽君.略谈耕地生态产品价值的实现方式 [J].中国土地，2020，418（11）：42-44.

[17] 夏函，张万顺，彭虹，等.基于主体功能区规划的中国城市化地区生态功能评估 [J].地理科学，2020，40（6）：882-889.

[18] 陈阳，岳文泽，张亮，等.国土空间规划视角下生态空间管制分区的理论思考 [J].中国土地科学，2020，34（8）：1-9.

[19] 范玉博.基于生态产品供给的耕地多功能开发利用规划研究 [J].现代营销（经营版），2020（5）：46-47.

[20] 王雯雯，叶菁，张利国，等.主体功能区视角下的生态补偿研究——以湖北省为例 [J].生态学报，2020，40（21）：7816-7825.

[21] 何帅，陈尚，郝林华.国家重点生态功能区生态补偿空缺分析 [J].环境保护，2020，48（17）：34-40.

[22] 李曼曼，薛涛.绿色金融促进绿色产业发展面临的挑战与对策 [J].中华环境，2019（4）：27-29.

[23] 王彦炯，宗四弟，郑永利.农产品地理标志产业振兴路径研究——以浙江省为例 [J].农产品质量与安全，2019（6）：7-10.

[24] 李忠.长江经济带生态产品价值实现路径研究 [J].宏观经济研究，2020（1）：124-128，163.

[25] 麦瑜翔，屈志光.生态资源资本化视角下农业双重负外部性的治理路径探讨 [J].湖北师范大学学报（哲学社会科学版），2018，38（2）：81-84.